목사님,
교회가 너무
행복해요!

목사님,
교회가 너무
행복해요!

• 초판 1쇄 발행 2009년 6월 26일
• 초판 4쇄 발행 2013년 2월 20일

• 지은이 김명군
• 책임구성 이상희
• 펴낸이 정종현
• 펴낸곳 도서출판 누가

• 등록번호 제20-342호
• 등록일자 제2008. 8. 30.
• 주소 서울시 강서구 염창동 282-19 현대아이파크상가 B 102호
• 전화 02-826-8802 팩스: 02-826-8803

• 정가 10,000원
• ISBN 978-89-92735-57-5

소풍처럼 행복한 김포전원교회 이야기

목사님, 교회가 너무 행복해요!

김명군 지음

도서출판, 누가

차/례

나는 행복한 사람입니다

작년 여름, 사랑하는 어머니를 천국에 보내드렸습니다. 사랑하고 존경하는 내 어머니, 늘 자식을 향한 헌신을 멈출 줄 모르셨던 내 어머니… 발인과 하관 예배가 이어질 때까지 내 곁을 떠날 줄 몰랐던 김포전원교회 가족들을 보면서 생각했습니다. '내 가족이구나. 나처럼 아파해 주는구나…' 놀라운 사랑을 보여주었던 우리 김포전원교회 가족들…

어머니가 평생을 섬겨 오신 거제도의 작은 교회를 가득 채운 우리 성도들의 얼굴을 보니 이곳이 김포인지 거제도인지 모를 정도였습니다. 자식인 나보다 먼저 거제도에 도착하여 자리를 지켜준 성도들을 보며 고향교회 목사님들과 장로님들이 '정말 놀랍다'는 이야기를 했습니다. 그리고 그 사랑은 '진심'이었다고 말했습니다.

나를 '울보 목사'라고 불러주는 전원교회 가족들이 그 날만큼은 '울보 성도'들이 되어 나 대신 울어주었습니다. 늘 인간적인 정이 앞서는 나를 보며 "목회는 절대로 그렇게 하면 안 된다. 교인은 교인, 목사는 목사, 분명하게 선을 그어 놓고 목회를 해야지 그렇게 구분하지 않으면 언젠가는 교인들에게 배신당하고, 크게 실망을 하게 될 것"이라고 충고하던 친구들도 그 날 만큼은 고개를 끄덕였습니다.

그리고 그 때 저는 깨달았습니다. '조금 어리석고 조금 모자라는 내가 옳았구나. 행복한 선택이었구나…' 부족하고 못난 것이 많아 목사 노릇을 제대로 잘 하고 있는 건지, 때때로 제대로 흉내조차 내지를 못하는 건 아닌지 부끄러울 때가 많았는데 김포전원교회 여러분이 나에게 보여준 것은 '사랑'이었습니다. 놀라운 가족애家族愛였습니다.

평생 '섬김'의 본을 보이셨던 내 어머니를 천국에 보내드리는 그 시간, 인생의 수고를 모두 마치고 본향으로 돌아가는 그 시간, 평생 천국의 소망을 가슴에 품고 사시던 내 어머니는 소풍 가듯 행복한 발걸음으로 천국으로 향하셨습니다.

인생의 한자락 슬픔 가운데서 나는 또 다른 행복을 보았습니다. 사랑이 슬픔을 덮어주는 것을, 따뜻한 가슴이 눈물을 닦아주는 것을 말입니다. 아직도 내 가슴엔 긴 여운이 남아 있습니다. 그리고 사랑을 담아 이렇게 이야기하고 싶습니다.

우리, 서로에게 따뜻한 사람이 되어 줍시다. 따뜻한 가슴이 되어 줍시다. 우리의 아픔과 상처를 낫게 해 주시던 예수님처럼, 서로의 마음에 행복이 되어 줍시다.

우리 김포전원교회 가족들이 있기에, 나는 진정 행복한 사람입니다.

"내 주님 영광의 옷 입고 문 열어 주실 때

나 주님 나라에 들어가 영원히 살겠네

시온성 보다 더 찬란한 저 천성 떠나서

이 천한 세상 오신 주 참 내 구주님."

2010. 10. 김명군 목사

행복한 공동체 김포전원교회

사람 많은 거리의 분주함을 뒤로하고 산자락 따라 굽이굽이 들어선 길을 오른다. 정겨운 교회 표지판보다 먼저 눈에 띄는 철조망과 삭막한 군부대 입구. 이쯤 오면 '잘못 왔나?' 하고 두리번거리게 마련이다. 그때 군부대 옆으로 이어진 아스팔트가 시야에 들어오면 조심스레 핸들을 돌려 숲이 우거진 길을 따라간다.

우리 교회로 향하는 길에 부드럽게 포장된 도로가 '그냥 깔렸겠거니' 하고 넘긴다면 큰 오산이다. 이 길도 우여곡절 끝에 하나님의 방법으로 났기 때문이다. 흙내음 진동하는 뜰 앞에 당도하여 마주한 하얀 교회의 모습은 꼭 우리 주님의 마음을 닮았다.

마련되어 있는 공간 하나하나에 간증과 눈물이 서려있는 곳.

하나님이 하신 그 방법을 사람의 입으로 어찌 다 설명할 수 있을까! 아니, 그건 불가능한 일이다. 순간의 호흡과 모든 역사하심을 글로 담아낼 수 있다면 그 어떤 간증보다 훌륭한 이야기가 될 것이다.

예배당을 밟을 때마다 주마등처럼 스쳐가는 지난 은혜의 기억에 감사의 찬양이 절로 나온다. 오늘날의 김포전원교회를 세우신 하나님, 하루하루 아름답고 행복한 공동체로 만들어 가시는 하나님의 그 크신 사랑으로 우리의 내일도 빚어 가실 것을 알기 때문이다.

살포시 피어난 한포기의 풀도 소중하다. 나무 한 그루도, 살짝 스쳐 지나가는 바람 한 줄기도, 흙 한줌도 귀하다. 아마도 그 이유는 '우리 교회' 마당에 자리를 잡아서일 게다. 딱딱한 의자에 앉아 붉은 벽돌을 바라보며 기도하는 것도 은혜지만, 하나님이 지으신 자연 속에서 그 아름다움과 섭리를 느끼며 찬양을 부르는 것만큼 특별한 일도 없다.

척박한 땅에 오직 기도와 눈물로 세워진 김포전원교회. 김
포! 이곳은 나의 젊음과 간증, 그리고 기적이 서린 아주 특별한
땅이다.

목사님, 교회가 너무 행복해요!

희망(希望)의 노래를 부르다

네가 선 곳에서
예배하라

낙엽을 밟으며 산길을 오르면 발끝에서 울리는 바스락 소리가 음악 같아 찬양이 절로 나온다. 큼직한 곡괭이가 무거운 줄도 모른다. 기분 좋게 나무 사이 길을 돌아 구불구불 언덕을 오르고, 내리기를 여러 번. 이 산골짜기에 교회를 짓는다고 나를 비웃고 손가락질해도 좋다. 누가 알아주지 않는다고 슬퍼할 이유는 더욱 없다. 다만 이 모든 것이 하나님이 계획하신 일임을 확실히 믿고 나아갈 뿐이다.

사람들은 결과가 손에 잡히는 일이 아니면 도전하려고 하지 않는다. 좁고 외로운 길은 기꺼이 가려 하지 않는다. 눈에 보이는 것들만 믿는 이 세대를 향해 눈에 보이지 않는 것을 믿는 것이 진정한 믿음임을, 때로는 좁고 외로운 길로 걸어야 하나님을 더 가까이에서 느낄 수 있음을 도전하고 싶었다.

정치인들과 젊은이들을 향해 미친 듯이 꿈과 행복을 외치던 나는 김포공항 근처 가양동에서 작은 교회를 담임하고 있었다. 주중에는 빼곡한 스케줄을 소화하며 강연을 다니고 주말에는 설교로 교회를 섬겼다. 다시 온전히 목회에만 전념할 것인지를 두고 골몰하던 때에 C박사님이 나를 찾아왔다.

"김 목사님. 저희 대학에 교수로 와 주십시오. 목사님 같은 분이 꼭 필요합니다."

세계적인 기독교 종합 대학을 꿈꾸던 C총장으로부터 교수직과 함께 기획실장직을 권유받은 것이다. 일곱 시간에 걸친 설득에도 쉽게 결정을 내릴 수가 없었다. 여러 가지 생각들로 며칠이 지났을까. 그날도 나는 여느 때처럼 아침 운동을 하고 있었다. 집 근처 논길을 뛰며 하나님의 뜻을 구하는 기도를 하던 중, 놀라운 환상을 경험하게 되었다. '내가 지금 본 것이 무엇일까...' 그 순간 내 가슴이 뜨거워져 한동안 멍하니 그 자리에 서 있었다.

며칠 후 나는 기도원에 올라가 다시 하나님 앞에 엎드렸다. 사무엘처럼 '하나님, 내가 여기 있나이다. 내게 말씀하옵소서!'

외치며 기도하던 중 다시 한 번 눈앞에 며칠 전 보았던 장면이 펼쳐졌다. 산골짜기가 붉게 타오르는 듯한 형상… '오, 주님…' 더 이상 입술로 기도하는 것조차 벅찰 만큼 무언가가 나를 충만히 채우는 것이 느껴졌다.

하나님이 손에 만져지듯 가까이 계신 것처럼 느껴졌다. 충만한 기쁨과 감사와 감격… 늘 하나님이 살아계심을 믿고 있지만, '정말 하나님이 살아계시구나!' 느끼는 그 시간, 나는 다시 목회의 길을 선택하기로 결정했다.

하나님은 다시금 당신의 계획 가운데 내가 순종하기를 원하셨다. 교회당을 이전해서 다시 한 번 새롭게 목회하기 위해 일산과 중동 신도시, 그리도 등촌동 아파트단지를 수도 없이 정탐해보았다. 하지만 손에 쥔 돈 1,800만 원 가지고는 도심에서 개척을 하는 일은 불가능했다. 때때로 실망과 좌절감도 밀려왔다.

'하나님, 제가 다시 목회를 해야 한다면 필요한 것들을 채워주십시오. 지금 저는 가진 게 아무 것도 없습니다.'

어느 날 새벽, 그날도 논길에서 아침 운동을 하며 걷고 있었다. 여전히 내게 없는 것을 바라보며 힘없는 발을 내딛던 중 나는 걸음을 멈추고 말았다. 순간 누군가 내 귓가에 말하듯, 생생하게 울려 퍼지는 말씀이 들려왔다. 마태복음 14장, 오병이어의 말씀이었다. 어린 아이가 자신이 가진 보리떡 다섯 개와 물고기 두 마리를 예수님 앞에 가져왔을 때, 오천 명을 먹이고도 남음이 있었던 그 역사의 현장.

"명군아! 네가 가진 것이 왜 없어!"

하나님이 내게 말씀하시는 것 같았다.

'아니, 내가 가진 것이 있다고? 내가 가진 것…'

순간 김포 산골짜기에 사두었던 땅이 떠올랐다.

"주님… 제가 가진 것이 하나 있습니다. 그 외진 산골짜기 철조망이 드리워진 내버린 땅도 당신의 손에 올려드리면 옥토가 될 줄로 믿습니다. 내가 가진 모든 것을 다 드리오니, 주여 당신의 뜻대로 역사하시옵소서!"

목사님, 교회가 너무 행복해요!

‘그 산골짜기에 교회를 지을 수 있을까?’

막상 믿음으로 발걸음을 떼려고 하니 인간적인 마음이 하나 둘 고개를 들었다. 누가 보아도 길도 없고, 민가도 없는 외진 산골짜기에 교회를 짓는 것은 한마디로 ‘말도 안 되는’ 일이었기 때문이다. 먼저 가족들도 설득해야 하지만 군부대 옆 작전 지역에 교회를 짓는 것을 허가받는 것은 거의 불가능한 일이다.

“하나님, 제가 이 땅에 하나님의 성전을 짓고 목회하는 것이 당신의 뜻이라면, 이 막막한 상황 가운데 은혜를 주시옵소서. 다른 무엇보다 가족들의 마음을 움직여주시고, 건축 허가를 내주시옵소서. 그러면 어떤 어려움이 있더라도 믿음으로 순종하겠습니다!”

집으로 돌아와 아내에게 말문을 열었다. 그런데 내가 하는 말이면 언제든 호응해 주고 기쁘게 따라주던 아내가 며칠을 설득해도 꿈쩍하질 않는다. 아내는 답답하다는 듯 오히려 나를 설득했다.

“여보, 대학에서 당신을 부르잖아요. 그곳에 가면 당신이 좋아하는 사역 맘껏 할 수 있고, 또 생활도 안정적으로 할 수 있잖아요. 왜 하필 편한 길을 두고 어렵고 힘든 길을 가려고 하나요? 길도 민가도 없는 골짜기에 개척을 하겠다니... 지나가는 사람 붙들고 이야기 해보세요. 그게 말이나 되는 이야기인지..."

아내의 마음을 모르는 게 아니다. 그동안 개척과, 목회, 외국 생활 등을 하면서 아내는 몸과 마음이 많이 지쳤을 게다. 현실 감각이 뛰어난 아내는 내가 철없는 꿈을 꾸고 있다고 생각하고 있었다. 내가 봐도 나의 말에는 논리가 없었다. 그냥 앞뒤 없이 '하겠다'는 말만 있을 뿐이었다.

하지만 하나님이 주신 마음에 무슨 '논리'가 필요하겠는가. 이미 내 마음은 뜨거울 대로 뜨거워져 펄펄 끓고 있었다. 아내를 설득하기 시작한 지 3주쯤 되었을 무렵 아내가 드디어 두 손을 들고 말았다.

"좋아요. 하나님이 당신에게 그런 확신을 주셨다면 그렇게 해요. 하지만 이번이 정말 마지막이에요. 내가 당신에게 해줄 수 있는 마지막이라고요."

아내는 힘겹게 나를 따라주기로 했다.

아내는 하나님의 뜻에 순종하고자 고통스러운 싸움을 시작한 내가 안타까웠던 것 같다. 그래서 나의 고통에 할 수 없이

목사님, 교회가 너무 행복해요!

고개를 끄덕인 것을 안다. 허가가 나지 않는 땅에서 교회를 짓기로 결정한 남편을 바라보는 아내의 마음이 얼마나 답답하고 아팠을지 가늠조차 할 수 없다.

아내는 나에게 어떠한 상황 속에서도 감사하기로 약속해달라고 했다. 그리고 나는 개척을 하고 안정이 될 2~3년 동안 혼자서 산골짜기에 움막을 짓고 살아야 했다. 이렇게 힘겨운 첫 번째 관문을 통과했다. 내가 넘어야 할 첫 번째 산은 아내였지만, 아내는 나의 뜻을 따라주기로 한 그 날부터 나의 가장 든든한 후원자가 되어주었다.

"하나님, 부와 명예, 자랑, 그리고 보여지는 그 무엇을 중요시하는 이 세상을 거슬러 하나님 안에서 한없이 자유하면서 행복한 교회를 만들고 싶습니다. 주님, 내 안에 꿈을 주셔서 감사합니다. 당신이 주신 꿈이기에 두려움 없이 전진합니다!"

미술학도 출신인 아내는 오늘도 잠자리에 들 생각을 하지 않는다. 밤낮없이 책상 불을 밝히고 몰두하는 아내는 외진 산골짜기에 세워질 교회의 설계도를 그리고 있다. 앞뒤가 군부대이고 길도 없는 그 곳에 우리 부부는 이미 마음으로 아름답고 행복한 교회를 짓고 있었다.

"여보, 이 서류 잘 챙겨요. 마음 단단히 먹고 잘 다녀와요. 기도 할게요."

아내가 챙겨준 설계도와 조감도, 그리고 건축에 필요한 서류들을 챙겨 관계기관으로 향했다. 허가 과정을 순조롭게 인도해 주시길 간절히 바라는 마음으로 담당자에게 서류를 넘겼다. 잠깐의 정적이 흐른 뒤 담당자는 어이가 없다는 듯이 나를 쳐다보았다.

"이곳은 군부대가 있는 지역이 아닙니까. 앞뒤가 다 군부대고, 사방에 군사 훈련장이 있는데 이곳에 교회를 지으시겠다고요? 이곳에 길이 없는 건 알고 계시지요? 더욱이 산골짜기라 건축허가는 절대로 날 수 없는 곳이니 돌아가세요!"

애써 준비해 온 서류를 열어볼 생각도 안하는 담당자를 보니 가슴이 무너져 내리는 것 같았다. 나는 흥분된 목소리로 다시 서류를 내밀었다.

"아니, 민원인이 서류를 제출하면 담당자는 일단 서류를 접수하고, 또 적법한 절차에 따라 가부를 결정한 뒤 민원인에게 통보를 해 주면 되지 않습니까? 그런데 접수도 안 받겠다니, 그건 말이 안 되지요. 이왕 가지고 온 서류니까 접수라도 해 주서야지요."

쉽지 않을 거란 생각은 했지만 문을 두드려볼 기회도 주지 않으려는 담당자가 너무 야속했다. 며칠이 지났을까. 김포와 강화를 책임지고 있는 부대장 C대령으로부터 전화가 왔다. 사정을 이야기해도 통 듣지를 않고 몇 번이고 안 된다고 큰 소리를 치던 그였다.

"공항동의 에어포트 호텔에서 뵙겠습니다."

딱딱한 군인 특유의 말투가 익숙했지만 조금 긴장이 되었다. 약속 장소에서 만난 C대령은 철모에 권총으로 무장한 상태였다.

"목사님. 내 머리에 총알이 들어와도 허가는 절대로 안 됩니다!"

너무나 일방적이고 강력하며 단호한 한 마디였다.

"아니, 나라를 위해 죽겠다고 나선 장수가 이렇게 자그마한 집 한 채에 목숨을 걸어서야 되겠습니까? 무조건 안 된다고만 하지 마시고 서류를 한번 검토해 주십시오. 안 된다면 왜, 무엇 때문에 안 되는지에 대해서 말씀해 주셔야 서류를 보완할 게 아닙니까."

C대령은 시켜놓은 커피도 마시지 않고 열을 받았는지 자리를 박차고 일어섰다.

"어쨌든 절대로 안 된다는 사실을 기억하십시오."

C대령이 나가버린 후 나는 한동안 그 자리에서 일어설 수가 없었다. 속이 답답해서 냉수 몇 컵으로 달래보았지만 풀릴 리 만무했다.

'하나님, 안 되는 일인가요? 모든 것을 포기해야 합니까?'

앉은 자리에서 하나님께 묻고, 또 물었다. 나는 급하고 답답한데 하나님은 아무런 대답이 없으셨다. 아무래도 쉽게 해결 될 문제가 아닌 것 같다. 부대장이라는 사람이 저렇게 단호한데, 담당 공무원의 냉대는 일도 아니었구나. 이곳은 군사보호 지역이라 군부대의 동의 없이는 한 치의 땅도 개발할 수가 없다.

쏟아지는 장대비를 뚫고 집으로 돌아오는 길, 현실은 답답했

목사님, 교회가 너무 행복해요!

지만 이상하게도 마음은 쉽게 평온을 찾았다. 하나님의 일이라면 하나님의 방법으로 길을 열어주실 거라 믿으며 그저 엎드려 기도할 뿐이었다.

"하나님, 당신의 은혜를 기다립니다. 하늘에서 비가 내리지 않으면 땅에서 작은 풀 한포기도 마음껏 피어날 수 없듯이, 당신의 은혜가 내리지 않으면 이 상황을 풀어낼 길이 없습니다. 은혜를 내려주시옵소서. 주님!"

"여보, 아직 소식 없어요?"

그날 아침도 아내가 걱정스러운 듯 물었다. 가뭄 중에 비를 기다리던 엘리야의 간절한 기도처럼, '희망의 구름 한 점이라도 보이지 않을까' 간절한 마음으로 매일같이 소식을 기다렸다.

"따르르릉 따르르릉."

'혹시나...' 하는 기대감으로 전화기를 받아들었다.

"김 목사님, 군부대에서 건축 허가를 내주었습니다."

한치 앞이 보이지 않는 막막함 속에 보냈던 28일간의 시간 끝에 기적적인 동의가 이루어진 것이다. 상식적으로 불가능할 것 같았던 일이 해결되자 '하나님이 하셨구나' 하는 확신이 들었다. 이제 더 이상 머뭇거릴 이유가 없어졌다. 아내의 동의도, 법적인 문제도 해결되었으니 앞만 보고 달려갈 일만 남은 것이다.

감사한 마음으로 춤을 추듯 길도 없는 산골짜기를 걸어 올라갔다. 교회의 터가 될 땅을 축복하며 엎드려 감사의 기도를 드렸다.

"하나님, 감사합니다. 시작도 하나님이 하셨으니, 모든 일을 하나님의 때에, 하나님의 방법으로, 하나님의 사람들을 통해 이루어 주시옵소서!"

첫 시작부터 나의 능으로 할 수 없음을 알게 하신 하나님을 찬양했다.

"하나님, 당신이 나의 발걸음을 이 김포의 외진 골짜기로 옮기셨습니다. 그리고 나의 눈을 들어 이 땅을 보게 하셨고, 불가능할 것만 같았던 일들을 당신의 방법으로 풀어 가셨습니다. 이 산골짜기에서 마음껏 행복의 노래를 부르고 싶습니다. 어떠한 고난과 시련이 닥쳐와도 이 첫 마음을 잊지 않게 도와주시옵소서!"

눈물로 세워진 교회

어떠한 상황 속에서도 내가 예배하는 것은, 하나님이 언제나 나에게 선한 분이심을 믿기 때문이다. 그리 아니하실지라도 감사한 것은, 하나님이 나의 하나님이 되시기 때문이다. 사람으로부터 힘을 얻지 못하고, 더 이상 사람을 의지할 수 없는 이 상황이, 나를 사랑하시는 하나님의 방법임을 고백한다. 하나님 한 분만 바라는 것, 하나님 한 분만 의지하는 것, 하나님 없이는 아무 것도 할 수 없는 것, 그것이 하나님의 바람이다.

"하나님, 부르신 이곳에 제가 서 있습니다. 제가 꿈을 꿀 때, 하나님이 일하여 주시옵소서!"

군의 동의를 얻고 나니 모든 일이 순조롭게 풀릴 것만 같았다. 나는 기쁜 마음으로 함께 개척에 참여하기로 한 동역자들을 찾아가 상황을 알렸다.

"목사님, 지금 IMF로 온 나라가 곤경에 빠져있는데 외진 산골짜기에 개척이라니, 그게 말이나 되는 이야기입니까? 저희는 동의할 수 없습니다."

모두들 한 목소리로 나의 꿈을 비난했다. 조그마한 구멍가게를 하나 해도 목이 좋아야 하는데 길도 없는 산골짜기에 교회를 세우자는 이야기가 헛소리로 들렸나보다. 상식적인 선에서는 시작조차 할 수 없는 일임을 나도 잘 알고 있었다. 가장 가까운 나의 가족들을 설득하는 것도 시간이 걸렸는데, 다른 이들의 마음을 얻는 일은 더욱 어려운 것이었다.

"아니, 그게 어디 말이 되는 이야기입니까? 설령 그곳에 교회를 세운다 해도 금세 포기하고 문을 닫게 될 겁니다."

"목사님, 제발 정신 좀 차리세요. 지금 미쳤습니까? 왜 하필 그곳입니까?"

"제가 일곱 번이나 가봤지만, 그곳은 교회 터가 아닙니다.

절간이나 들어설 곳이라고요!"

혼자 있어도 나를 조롱하는 소리가 귓가에 들리는 듯했다. 가장 가까운 친구들부터 선 후배들, 오랫동안 함께 개척을 꿈꾸며 기도했던 성도들마저 나를 등지고 하나 둘 돌아섰다. 하나님이 나에게 꿈을 주셨다고, 내가 응답을 받았다고 이야기하면 더욱 이상한 눈초리로 나를 바라보곤 했다.

"하나님, 참 외롭습니다. 너무 고통스럽습니다. 나를 믿고 따라와 주던 사랑하는 성도들의 마음조차 얻을 수 없는 이 상황이 참 힘이 듭니다. 그러나 모두가 나를 손가락질해도, 하나님이 주신 확신을 붙들고 나아갑니다. 절대로 포기할 수 없습니다. 주님."

매일같이 눈물 젖은 통곡과 기도가 산골짜기에 울려 퍼졌다. 모두들 나에게 '쉬운 길을 두고 왜 저렇게 힘들고 어려운 길을 택했는가' 하며 조롱했다. 나에게 끝없는 사랑과 신뢰를 주던 귀한 성도들은 나를 무던히도 설득했다. 참 좋은 분들이었는데... 그들의 마음을 거슬러 내게 주신 꿈을 좇아야 하는 그 시간이 참으로 고통스러웠다.

유난히도 골바람이 거세던 그 해 겨울, 나라는 온통 부도와 경제난으로 혼란스러웠다. 나는 김포의 산골짜기 도토리나무 아래 터를 잡고 세찬 바람을 맞으며 외롭게 그해 겨울을 보냈다. 하나님은 그 시간을 통해 나에게 가난한 마음을 가르쳐주셨다. 호화로운 시설과 끝이 보이지 않는 인파로 북적대는 대형 교회가 아닌, 마음과 마음으로 노래하고, 한두 사람이 모일지라도 성령의 임재가 있는 온전히 예배를 드리는 행복한 교회를 꿈꾼다.

"시내 한복판에서 역사하시는 하나님이, 이 산골짜기에서도 동일하게 역사하실 줄 믿습니다. 하나님, 이곳에 행복의 동산을 짓고 싶습니다. 생각만 해도 참 좋은, 행복이 밀려오는, 감사와 감격이 끝나지 않는, 온전히 기쁨과 노래로 충만한, 그런 행복의 동산을 꿈꿉니다. 한 영혼이라도 좋습니다. 주님, 당신이 허락하시는 한 영혼을 위해 제 목숨을 걸어보겠습니다."

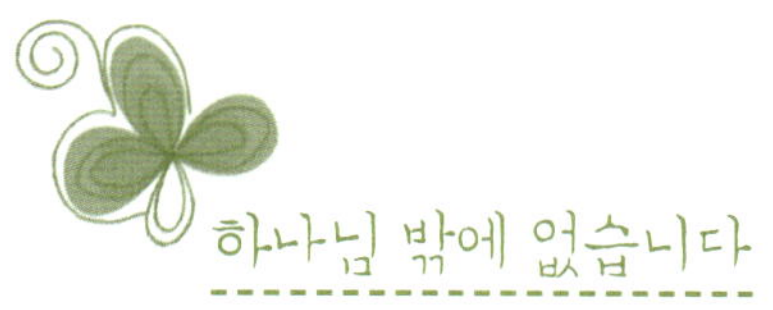
하나님 밖에 없습니다

철저히 외로운 시간을 보냈다. 나를 찾는 이들로 늘 분주했던 일상도, 나의 시선이 산골짜기를 향하는 순간부터 안녕을 고했다. 나의 마음은 하나님이 주신 응답으로 충만했는데, 사람들은 나를 차가운 눈초리로 바라보았다. 참 희한한 일이다. 하루에도 수십 수백 통씩 걸려오던 전화들, 나를 초청하고 나를 만나기 원하던 그 많던 사람들은 다 어디로 갔는지, 개척과 건축을 위해 많은 재정이 필요했지만, 돈도 사람들도 모두 다 나를 떠나간 뒤였다.

사람의 눈으로는 불가능한 상황, 이 모든 것이 하나님 한 분만 바라게 하시는 과정이었다. 하나님은 사람을 보고, 사람에 의지해서 목회하고 하나님의 전을 짓는 것을 원치 않으셨다. "너의 길을 여호와께 맡기라. 저를 의지하면 저가 이루시고..." 하나님의 말씀만이 나의 힘이 되었다. 하나님께서 주시는 평안만이 내가 바랄 수 있는 단 한 가지였다.

1997년 12월 27일 오후 3시. 건축을 위한 기공 예배가 김포시 양촌면 마산리 산432-2번지 공사 현장에서 드려졌다. 한 가정이 함께했고, 그 흔한 현수막 하나 없었다. 그야말로 간소하고 초라하게 드려진 예배였다. 하지만 우리의 시작이 미약함을 낙심하지는 않았다. 꿈을 주신 하나님을 찬양하며, 그 앞에 순종할 수 있음에 감사할 뿐이었다.

간절한 마음으로 찬송가 208장을 부르고 마태복음 16장 13-20절 말씀을 나누었다. 말씀의 제목은 '이 반석위에 내 교회를 세운다'였다. 말씀을 전하는 내 입술이 떨리고 두 눈에는 눈물이 맺혔다. 든든한 개척자들이 내 손을 잡아주지 않았기에, 더욱 하나님의 손을 붙들어야 했다.

마음을 잠시라도 놓을만한 재정이 없었기에 더욱 기도해야 했다. 나의 생각과 계획 너머에 하나님의 분명한 뜻과 계획하심이 있음을 고백하며 모든 주권을 하나님 앞에 올려드렸다. 그리고 하나님이 모든 일을 이루실 것을 믿었다.

아내가 그려놓은 설계도를 중심으로 공사를 시작한 후 2년 동안 나는 공사장 옆에 움막을 치고 살았다. H빔과 철근, 그리고 각종 건축 자재들이 하나 둘 보태어져 성전의 모습을 갖춰 갈 때면 얼마나 기쁘고 좋았는지 모른다. 배고픈 줄도, 피곤한 줄도 모르고 짐을 나르며 신바람이 나서 콧노래를 불렀다

그리고 밤이 되면 뒷산에 올라가 눈물범벅이 되어 엎드려 기도했다. '눈물 골짜기가 바로 이 곳이구나' 싶을 만큼 심령 깊

목사님, 교회가 너무 행복해요!

숙한 곳에서 부터 쏟아져 나오는 통곡의 기도가 산에 메아리쳤다. 내가 의지할 수 있는 분은 오직 하나님 한 분 뿐이기에 하나님의 도우심을 구하는 기도를 쉴 수 없었다. 그러다가 때때로 인간적인 마음에 내 신세를 한탄하기도 했다.

하지만 섬세하게 나의 기도를 들으신 하나님은, 나의 작은 신음소리 하나도 놓치지 않으셨고, 때마다 성령의 음성으로 위로해 주셨다. 나의 연약함을 너무나도 잘 아시는 하나님이 요나처럼 도망하던 나의 옛 습성을 아시고 처음부터 나의 모든 것을 가져가셨음을 고백한다. 오죽하면 도망 못 가게 앞뒤 군부대와 좌우에 훈련장을 두고, 그 흔한 ‘길’도 없는 곳으로 나를 인도하셨겠는가.

세상으로 향하는 길이 막힌 곳에, 하나님의 계획이 있었다. 이제 더 이상 잃어버릴 것도 없이 가난하고 빈 마음이 되게 하신 주님. 두 무릎 밖에 드릴 게 없어 그저 하나님 앞에 엎드리는 가난하고 초라한 목회자의 모습으로 나를 만들어 가신 분. 그 섭리에 감사할 뿐이다.

만약 내가 풍족한 가운데 개척을 꿈꾸었다면, 때때로 사람의 말과 물질의 흐름에 흔들려 하나님의 계획을 거슬러 갔을지 모른다. 하나님은 철저히 하나님의 방법으로 김포전원교회를 세우기를 원하셨다. 하나님만 의지하는 사람에게는 실망과 낙심, 분노와 좌절이 자리 잡을 여유가 없다. 하나님은 지극히 선하고 아름다운 분이시기 때문이다.

하나님의 은혜가 없이는 성전의 머릿돌조차 세울 수 없었을 것이다. 오늘날의 김포전원교회를 본 사람들은 "좋은 터에 이렇게 예쁘게 교회를 지은 걸 보니, 누군가 헌금을 많이 냈나보군" 하고 이야기하곤 한다. 하지만 첫 시작부터 지금까지의 모든 일은 하나님의 전적인 은혜로 이루어진 것이다.

하나님이 우리에게 주신 것은 두려워하는 마음이 아니요 오직 능력과 사랑과 절제하는 마음이니 그러므로 너는 내가 우리 주를 증언함과 또는 주를 위하여 갇힌 자 된 나를 부끄러워하지 말고 오직 하나님의 능력을 따라 복음과 함께 고난을 받으라 하나님이 우리를 구원하사 거룩하신 소명으로 부르심은 우리의 행위대로 하심이 아니요 오직 자기의 뜻과 영원 전부터 그리스도 예수 안에서 우리에게 주신 은혜대로 하심이라.

(딤후 1:7~9)

이 말씀은 순간순간 무너졌던 나의 마음을 다시 일으키고, 강하게 해 주었다. 인간적인 수단과 방법으로는 이 산골짜기에 교회를 세울 수 없었다. 사람은 사랑의 대상이지 믿음의 대상이 아님을 철저히 깨닫는 2년의 시간이었다. 의논할 사람도, 가진 것도 없었기에 하나님께 엎드려야 했고, 철저히 외로워진 그 순간마다 하나님의 말씀이 나를 강렬하게 인도하심을 느낄 수 있었다.

IMF때 시작된 공사는 고비마다 절망의 순간들을 맞게 했다. 현금을 주지 않으면 건축자재를 공급받지 못했다. 인부들의 일당도 그날그날 정산해 주어야 했던 당시, 워낙 가진 게 없었던지라 건축 공사는 여러 차례 가다 서다를 반복했다.

통장을 깨고, 장모님이 사주신 자가용도 처분했다. 천국에 계신 장모님께 허락받지 못한 일이었지만, 아마 장모님도 기뻐하셨으리라 생각하며 이렇게 저렇게 모은 돈 1,800만 원. 이 돈이 내가 가진 물고기 두 마리와 보리떡 다섯 개였다. 벳세다 들판에서 오병이어의 기적을 보이신 예수님. 그 예수님의 두 손에 올려드린 우리 부부의 전부였다.

턱없이 부족한 예산으로 진행된 공사는 앙상한 골조만 형성한 채 진행이 중단될 때마다 얼마나 가슴이 아팠는지 모른다. 대책을 세울 요량도 없이 그저 슬퍼할 수밖에 없는 내 모습이 얼마나 초라하고 못났던지. 하나님은 이렇게 때마다 주 앞에 엎드리는 법을 배우게 하셨다.

내가 할 수 있는 일이 없었기에, 그저 기도할 뿐이었다. 사방이 둘러싸임을 당해서, 앞으로 나아갈 수도 뒤로 후퇴할 수도 없었던 시간들, 그저 하늘의 은혜를 구하며 하나님의 이름을 부르던 가난한 목회자가 되게 하셨던 주님. 나의 곤고함이 은혜가 되게 하시고, 이렇게 나를 만들어 가셨음을 고백한다.

"하루 벌어 하루 겨우 먹고 사는 게 우리인데 인건비를 안 주면 어떡합니까?"

갑작스레 찾아온 IMF로 건축 현장 상황은 날로 살벌해졌다. 재정이 부족해서 인부들에게 인건비를 지불하지 못한 지 일주일이 지난 어느 날이었다. 아이를 업은 젊은 아주머니 서너 명이 찾아와 다짜고짜 돈을 내놓으라며 큰소리를 낸다.

"우리가 다 소문을 듣고 왔어요. 절도 아니고 산속에 교회를 짓는 이상한 목사라며 가진 것도 없고 곧 망할 거라던데, 어서 돈을 내놓으세요!"

그들은 '이 공사 현장을 다녀가는 사람마다 이렇게 비난의 말들을 하며 돌아갔다'며 나를 더 이상 믿을 수 없다고 했다.

"딱 일주일만 기다려주십시오. 제가 어떻게든 돈을 마련해서 인건비를 지불해 드리겠습니다."

공사가 진행되는 기쁨과 감격도 잠시, 또다시 부족한 재정으로 허덕이며 절망의 늪을 지나는 순간이 왔다. 나는 아내에게 부산에 잠깐 다녀오겠다며 걱정하지 말라고, 모든 게 다 잘 될 거라고, 믿는 구석이나 있는 듯 큰소리쳤다. 그리고 김포공항으로 향하며 몇몇 친구들에게 전화를 걸었다.

"생각이 나서 전화했어. 그냥 자네가 한 번 보고 싶어서…"

연고지인 부산으로 향하면 수많은 지인들 중 누군가 단 한 명이라도 내 손을 잡아줄 거라 생각했다. 하지만 상황은 예전 같지 않았다. 늘 나를 사랑해 주던 사람들로 북적거리던 지난 시절은 이미 내 것이 아니었다. 전화를 걸었던 내 손이 부끄러워질 만큼, 친구들의 대답은 냉랭했다.

무척이나 반가워할 거라고 생각했고, 어서 오라고 말해줄 거라 믿었다. 그러나 친구들은 한가지로 입을 맞춘 듯 속 시원히 "어서 오라"는 대답이 없다. 힘없이 비행기에 올라서 그래도 누군가는 만나고 오겠거니 생각하며 부산에 당도했다. 내가 헌금을 부탁한 것도 아니고, 설교를 하겠다는 것도 아닌데… 구질구질한 돈 얘기는 꺼내지도 않았는데 어떻게 약속이나 한듯 한 사람도 나를 만나려고 하지 않았다.

부산 해운대에서 사흘 동안 머물면서 단 한사람도 만나지 않고 그 길고 긴 백사장을 걷고 또 걸었다. 모래 위에 힘없이 남겨진 내 발자국과 눈물은 거센 파도에 밀려 금세 사라져버렸다. 내 지난날처럼, 그렇게 말이다. 따뜻한 위로의 말 한마디라도 듣고 싶었지만 나는 아무도 만나지 못한 채 다시 김포로 돌아왔다.

　힘없는 발걸음으로 뒷산에 올라가 다시 그 자리에 엎드려 하나님의 이름을 불렀다. 미련하게도 사람의 방법으로 이 일을 해결하려 했던 나의 어리석음을 하나님 앞에 내려놓으며 한없이 울었다.

　"명군아, 조금도 걱정하지 말아라. 내 일은 내가 한다"

　하나님이 나를 위로해 주시는 것 같았다. 하나님의 위로는 나의 슬픔과 절망을 감사와 감격으로 바꾸어 놓았다.

　"그래, 하나님의 일은 하나님이 하시니 하나님께 맡기자."

"여보, 부산에 잘 다녀온 거예요?"

이미 하나님께 모든 것을 맡기기로 한 나는 태연한 표정으로 아내에게 말했다.

"음, 걱정 마. 하나님이 해결해 주시기로 했어."

내 대답에 아내가 실망스런 표정을 지을 줄 알았는데, 역시 아내는 믿음의 사람이었다.

"내일 제가 은행에 가서 도움을 좀 받을 수 있는 지 알아볼 게요."

나는 걱정스럽거나 싫은 기색도, 원망하는 말도 없던 아내의 손을 붙들고 그 자리에서 다시 한 번 하나님의 인도하심을 구하는 기도를 했다. 다음날 아침, 아내는 가양동 국민은행을 찾아갔다. 은행의 문턱이 높았던 당시, 흔쾌히 도움을 받을 거란 기대는 하지 않았다. 하지만, 주께서 문을 닫으실 땐 어딘가에 다른 문을 열어놓으실 거라는 기대함을 버리진 않았다.

"여보, 됐어요!"

아내는 대입 합격 통지서를 받은 수험생 마냥 기쁜 얼굴로 돌아왔다. 은행의 도움으로 어려운 고비를 넘기게 된 것이다.

나는 지금도 '은행' 하면 국민은행밖에 없는 줄 안다. 아마도 그 시절의 고마움 때문일 게다. 이렇게 우여곡절 끝에 다시 공사가 진행되었다. 조립식 건물이 세워지고 어느 정도 교회의 형태를 갖추게 되었다. 공사를 시작한지 2년만의 일이다. 공사가 진행되는 동안 누구도 내게 희망을 말해 주지 않았다. 무너지는 가슴을 움켜쥐고 기도의 동산에 오르던 날이 수도 없이 반복되었다.

"하나님, 제게 한 생명을 주신다면, 그 한 생명을 위해 제 목숨을 걸겠습니다. 어제도, 오늘도 변함없이 동일하게 역사하시는 성령 하나님. 도시 한복판에서 역사하신 하나님의 능력을 제한하지 않겠습니다. 하나님, 이곳에서도 일하여 주시옵소서!"

목사님, 교회가 너무 행복해요!

3장

단련의 손길
앞에 서다

누구도 '희망'을 말해 주지 않았다. 그래서 '절망'이란 것도 해 보고, 수없이 엎드려 울부짖어 기도했다. 아무도 말해 주지 않았기에 무릎 꿇을 수밖에 없었다. 하나님의 위로는 사람이 주는 것과는 달라서, 순간순간 내 안의 깊은 아픔까지 어루만지셨다. 그리고 다시금 꿈꾸게 하셨다. 나는 요즘도 설교 때마다 꿈과 도전, 그리고 열정에 대한 이야기를 많이 한다. 특히 젊은 이들에게 꿈을 이야기 할 때면 가슴 깊은 곳부터 뜨거운 눈물이 밀려오곤 한다.

하나님은 우리가 꿈꾸는 자가 되기 원하신다. 절망에 머물러 있는 것을 기뻐하지 않으신다. 기도하고 구하기 원하신다. 우리가 생각하는 것보다, 우리가 제한하는 것보다, 더 큰 하늘의 꿈을 꾸기 원하신다!

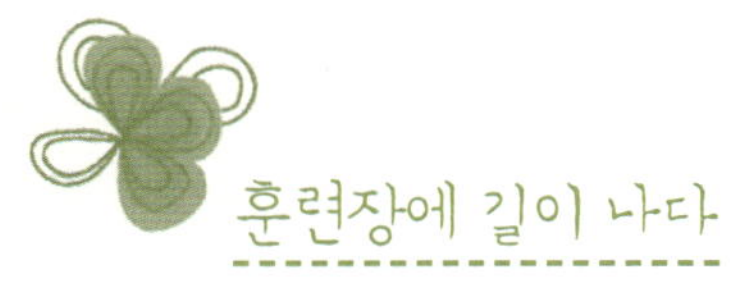

두 가정이 모인 가운데 교회 개척 예배를 드렸다. 도로변에서 한참 떨어진 곳에 지어진 교회이기에 비라도 내리는 날이면 신발이며 옷가지가 흙탕물로 잔뜩 젖곤 했다. 나와 아내야 그래도 상관없었지만, 어느 누가 길도 없는 산속의 교회를 다니려 하겠는가. 정말 난감했다. 겨우 허가를 받고 교회당을 지었지만 아직 해결되지 않은 진입로 문제로 늘 마음이 무거웠다.

한 번은 길을 내려고 비싼 장비를 들여 시도해 보았으나 국방부로부터 '임의로 길을 낸 것에 대해 책임을 지고 벌금을 내고 원형 복구하라'고 명령이 내려진 적이 있었다. 군부대 앞이고 또 훈련장이라 마음대로 길을 낼 수가 없다. 어느날 ○○○○부대의 부대장 최○○ 중령이 나를 찾아왔다.

"목사님, 군부대 식수를 비롯한 물 부족 상황으로 매일 서울에서 급수차가 드나들어야 하는 상황이라 지하수를 개발 중에 있습니다. 부대 근방을 다 뒤져보아도 수맥을 찾지 못했는데 목사님 교회 부지에서 큰 수맥을 발견했습니다. 우리 군부대를 위해 수원지 세 평만 좀 임대해 주시겠습니까?"

아니, 국방의 의무를 감당하는 젊은이들에게 물이 필요하다는데 '임대'가 웬말인가!

"임대라니요. 필요한 만큼 땅을 마음껏 사용하십시오."

최 중령은 연거푸 내게 감사하다며 자필 서명을 부탁했다. 나는 흔쾌히 동의서를 써주었다. 그리고 몇 달이 지났을까, 강연을 다녀오는 길에 교회에서 급히 전화가 걸려왔다.

"목사님, 빨리 오십시오. 지금 군부대에서 우리 교회 입구에 길을 내고 있습니다!"

예상치 못했던 상황이라 급히 교회로 달려갔다. 마음속에 하나님이 일하고 계시다는 분명한 확신이 들었다.

"유 집사님. 이게 어찌된 일입니까?"

정말로 군부대에서 동원한 중장비들이 교회로 들어서는 입구에 잔뜩 들어서 있었다. 얼마 후 군 관계자가 찾아왔다.

"목사님, 수원지 개발을 위해 중장비가 교회 마당까지 들어와야 하니 먼저 길을 내야 할 것 같습니다. 공사와 관리를 위해 어차피 내야 하는 길이니 같이 사용하도록 하시지요."

아, 이 얼마나 기다렸던 말인가. 참으로 놀라운 일이었다. 이 땅 아래 큰 수맥이 잡힐 줄 누가 알았겠는가. 이렇게 놀랍게 교회로 들어오는 길이 나게 되었다. 하나님이 "이 일은 내가 한 일다"라고 분명히 말씀하시는 것 같았다.

"할렐루야!"

하나님의 놀라운 시나리오에 감격의 눈물이 흘렀다. 정말로 예상치 못한 축복이었다. '뛸 듯이 기쁘다'라는 말은 이럴 때 쓰라고 있는 것 같았다. 땅 아래 물이 흐르게 하신 하나님, 군인들에게 물의 필요를 채워주신 하나님, 세상과 교회를 잇는 길을 내주신 하나님. 모든 것이 하나님의 은혜였다.

목사님, 교회가 너무 행복해요!

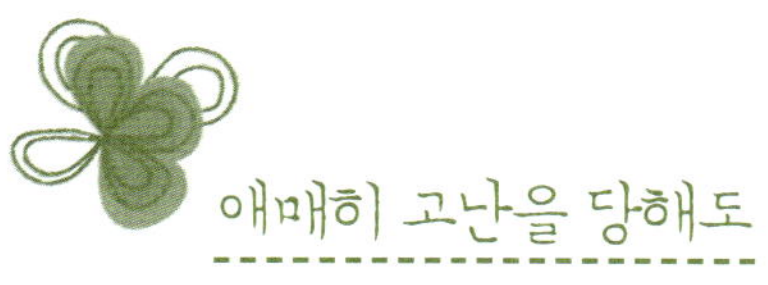

"김명군 목사 어디 계십니까?"

새로 부임한 부대장이 참모들과 동행하여 나를 찾아왔다. 교회 설립 초기 당시 군부대장의 극적인 동의로 교회당을 완공했지만 넘어야 할 산은 계속 이어지고 있었다. 일 년에 몇 번씩 새로 부임하는 부대장과 참모들은 우리교회 건축 허가에 대해 새롭게 문제를 제기했고, 나는 노이로제로 불면의 밤을 보내기 일쑤였다.

"김명군 목사, 불법 건물들을 철거하시지요!"

조롱어린 부대장의 목소리가 점점 더 거칠어졌다. 매년, 매달 반복되는 고통스러운 상황이 다시 연출된 것이다. 이번엔 강도가 좀 더 세진 것 같았다. 동행한 참모들도 욕설을 서슴지 않았고 나는 재판정에 선 죄인 마냥 인격적 모독을 당했다. 하나님의 기쁨인 우리 김포전원교회를 향해 '마귀 집단'을 운운하는데도 아무 말도 할 수 없었다.

대화에 있어 '내 차례'란 없었다. 나는 순간 이등병도 못한 신세가 되어 그들의 욕설을 묵묵히 들을 수밖에 없었다. 갑작스레 듣도 보도 못한 욕설을 한바탕 당하고 나니 정신이 혼미

하고 다리에 힘이 쪽 풀렸다. 하나님의 일을 한다고 시작한 나의 발걸음이 어느새 '이단'에 '마귀 집단'으로 치부되는 상황에 이르니 하염없이 눈물만 쏟아졌다.

'주님, 제가 지금 옳은 길을 가고 있습니까?...'

나는 겨우 내 방으로 돌아와 의자에 앉아 떨리는 손으로 사단장실로 전화를 걸었다. 사단장은 부재중이었고, 나와 개인적으로 친분이 있던 P주임 원사가 전화를 받았다.

"이미 군부대 동의하에 건축된 교회입니다. 군부대의 뜻에 따라 길도 났고요. 이미 많은 성도들이 모여 예배하는 곳이 아닙니까! 부대장의 직위를 남용하며 민간인에게 집단적 인격 모독을 주었습니다. 또 우리 교회를 이단으로 치부하며 마귀 집단이라 손가락질하며 온갖 욕설을 퍼부었습니다. 도대체 이게 있을 수 있는 일입니까?"

나는 치밀어 오르는 화를 겨우 참아가며 자초지종을 이야기하고 전화를 끊었다. 그들에겐 '직위' 앞에 무조건 '복종'이겠지만, 나는 민간인이기에 그들의 방법적 불의에 항의하고 싶었다. 얼마 후 사단장으로부터 직접 찾아오겠다는 연락이 왔다. 하지만 나는 곧 마다했다. 더 이상 언쟁에 쓸 체력조차 고갈되고 만 것이다.

다음날 아침 계속 전화벨이 울려댔다. 정말이지 전화통에 불이 난다는 표현이 딱 어울리는 상황이었다. 어제 나를 죄인 취급하던 부대장은 180도 자세를 바꾸고 사과를 청했다. 이렇게 다시 평화를 찾게 된 것이다. '군부대 옆 작전지역에 있는 교회'로서 톡톡히 그 대가를 지불하고 있었다.

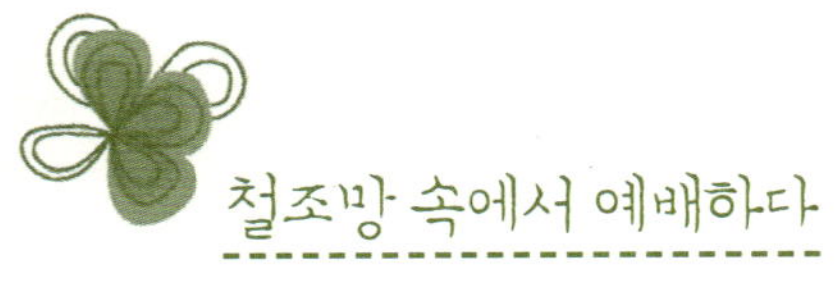

매년 군부대의 지휘관과 참모들이 바뀔 때마다 총성 없는 전쟁이 반복되었다. 특히 종교가 다른 지휘관의 경우 그 전쟁은 더욱 심각하게 치닫곤 했다. 적을 향해 총을 겨누어야 할 군인들이 이웃인 우리 교회를 두고 이토록 신경전을 벌이고 있을 줄을 누가 알겠는가.

어느 날 교회 마당에 들어서니 비무장 지대에서나 구경할 법한 철조망을 교회 마당에 쳐져 있었다. 완전 무장한 군인들도 보였다. 24시간 보초를 서는 그들은 감시 카메라까지 동원하여 우리 교인들의 접근을 차단하고 있었다. 개척 초기 부대 지휘관과 주차장을 공동으로 사용하기로 구두 약속했었는데 지휘관이 바뀌고 나니 그들에겐 우리의 접근이 '침입'이 되고 만 것이다.

날카로운 철조망에 무장 군인이 교회 마당에 떡하니 들어서 있으니 살벌한 기운이 감돌았다.

"목사님, 한 장로님이 철조망에 부딪혀 머리가 찢어지셨어요!"

급박한 상황이 속출했다. 아무리 조심을 한다고 해도 뛰어노는 아이들을 막을 길이 없었고, 나를 비롯해 부상자가 속출했다. 철조망을 치고 부대 측에서 경계에 날을 세우는 기간이 세 달째 계속 되었다. 혹시나 성도들이 다칠까, 무슨 일이 나진 않을까 노심초사 마음을 쓰던 나는 결국 병을 얻고 말았다.

불면에 위염으로 입원을 하기에 이른 것이다. 정말 모든 것을 그만 두고 싶었다.

'하나님, 저는 최선을 다했습니다. 이제 더 이상은 싸울 힘이 없습니다. 교회를 지켜낼 자신이 없습니다.'

한때 군 장병들에게 복음을 외치며 군인들을 사랑하는 마음으로 내 인생의 일부를 보냈건만, 이제는 '군부대'라는 말의 '군'자만 들어도 뒷걸음질이 쳐졌다. 교회 마당에 세워진 철조망이 내 가슴을 찔렀다. 아프도록, 견딜 수 없도록 말이다.

군부대의 부당한 처사에 내 입으로 항거해 본들 허공에 외치는 소리일 뿐이었다. 누군가 애매히 고난을 당하고 있는 우리 교회의 현실을 알아주었으면 하는 마음이 간절했다. 이렇게 고통의 날들을 보내던 어느 날, 문득 한 사람이 생각났다.

"김명군입니다."

"아니, 목사님 어쩐 일이십니까?"

"그냥 보고 싶어서 전화 한번 해봤습니다."

"목사님 내일 어떠세요. 만찬이나 하게 오십시오!"

덜덜거리는 중고 봉고차를 타고 약속 시간에 맞춰 그를 만나러 갔다. 그분의 집무실에 마주 앉자 그가 물었다.

"목사님, 그토록 뵙기를 청해도 꿈쩍을 않으시더니 드디어 여기까지 오신 데는 분명 이유가 있겠지요."

군 고위 장성 출신인 그는 내가 전국 각지 군부대를 돌며 강연하던 시절 호형호제呼兄呼弟하며 지내던 참 귀한 분이다. 나는 지친 몸과 마음을 이끌고 교회의 상황과 상한 마음을 함께 나누었다.

"… 그래서 철조망 속에서 예배를 드리고 있습니다."

오랜만에 불쑥 찾아와 내 마음을 토하는 것이 미안하기도 했지만 그는 오히려 뜨거운 눈물을 흘리며 진작 나의 상황을 돌아보지 못한 것을 미안해했다. 그리고 배웅을 나와 다 찌그러진 봉고차에 올라타는 나를 보며 가슴 아파했다.

"목사님, 이 차를 타고 여기까지 오신 겁니까?"

그는 목이 메여 말을 잇지 못하며 내 손을 꼭 붙잡았다. 집으로 돌아오는 길 그는 나와 아내에게 두 번씩이나 전화를 걸어 연신 돌아보지 못한 것을 미안해했다. 하나님이 허락하신 참으로 귀한 관계였다. 철조망 앞에 엎드려 눈물을 흘리던 성도들

목사님, 교회가 너무 행복해요!

의 기도에 하나님이 이렇게 일하신 것 같다. 하나님은 때때로 사람을 통해 일하신다. 관계 속에서 도움의 손길을 내미신다.

교회 뜰이 다시 평화를 찾았다. 기쁨도 잠시, 우리에게는 아직 해결되지 않은 문제가 남아 있었다. 군부대 측에서 우리 교회를 '무허가 건물' 고소를 한 것이다.

"무허가 건물이라니, 이게 무슨 말입니까?"

그때서야 나는 교회 건물 중 하나가 '준공 검사'를 받지 않았음을 알게 되었다. 뒤늦은 감이 있지만 이제라도 준공 검사를 받으면 되겠다 싶어서 관련 서류를 첨부하여 관할 기관을 찾았다.

"이 건물은 준공 허가를 내드릴 수 없습니다. 교회 건물 토지 다섯 평 정도가 다른 사람의 것입니다."

내가 철저하게 설계와 준공 과정에 간섭을 하지 않았던 게 이토록 큰 실수로 이어질 줄 몰랐다. 마음이 무거웠다. 다섯 평의 땅이 값으로 치자면 얼마 안 되는 돈이지만 이는 엄연히 불법이었기에 상황을 정리해야 할 필요가 있었다. 수소문 끝에 그 땅의 주인을 찾아갔다.

"사장님, 건축 과정에서 실수가 있었습니다. 우리 교회가 준공 검사를 신청해보니, 사장님의 산이 다섯 평 정도가 포함되어 있었습니다. 죄송합니다. 저희의 불찰을 이해하시고 다섯 평의 땅을 저희가 살 수 있도록 도와주십시오! 만약 파실 수 없다면 임대해 주셔도 좋습니다.”

주인은 내 이야기를 고개를 끄덕이며 가만히 듣더니 대답했다.

“내 땅은 단 한 평도 팔수가 없소. 정 사고 싶다면 뒷산 3만 평을 30억에 모두 사시오. 다섯 평만 떼어 파는 일은 절대 없을 것이니, 그런 일이라면 당장 나가주시오.”

“정 그러시다면 임대해 주실 수는 없으십니까?”

나는 통 사정을 해보았지만 주인의 뜻은 변함이 없었다. 몇 분의 교인들과 함께 여러 번 더 찾아가 간청해 보았지만 소용이 없었다.

“아무래도 길이 없습니다. 무허가 건물이라 손가락질 받으며 예배드릴 수는 없습니다. 법대로 교육관 건물을 허뭅시다. 모든 책임과 잘못은 목사인 저에게 있습니다.”

눈물로 세워진 교육관이었다. 젊은이들과 아이들을 향한 사랑과 간절함을 담아 땀 흘려 지은 교육관이었다. 하지만 내 손으로 허물어야 했다. 끝없이 흐르는 눈물을 닦아내며 교육관의 벽을 허물었다. 하나님도 우리의 모습에 침묵하시는 듯했다.

하지만 다섯 평으로 인해 건물을 무너뜨려야 하는 우리의 안

타까움을 하나님은 다 보고 계셨다. 그리고 하나님의 방법으로 우리를 위로해 주셨다. 얼마 후 우리는 상수리홀을 건축할 부지 1,000평을 선물 받게 되었다. 그렇게 우리는 무너진 그 자리에서 다시 일어설 힘을 주시는 하나님을 만났다.

목사님, 교회가 너무 행복해요!

개척의 꿈을 꾸던 땅,
김포

1984년. 그해 겨울은 유난히도 추웠다. 눈보라가 몰아치던 날 아내와 나는 난생 처음 낯선 김포 땅을 밟았다. 우리는 매서운 한파에도 아랑곳 않고 뜨거운 열정 하나로 '첫 개척행전'을 시작했다. 교회의 이름은 '새로운교회'라고 지었다. 이 땅에 십자가를 세우고 들어선 셀 수 없이 많은 교회들 중에 '또 하나의 교회'가 아니라 교회다운 교회, 건강한 교회로 서 보고자 하는 바람에서였다.

작은 방 한 칸을 마련하여 짐을 풀었다. 그리고 그 곳에서 시작된 예배에는 그 어떤 고급스러운 예배당도 부럽지 않은 기쁨과 감동이 있었다. 아내는 첫 돌도 안 지낸 밝음이를 등에 업고 밤낮 나와 함께 발로 뛰며 새 생명을 찾아 다녔다. 집집마다 문을 두드리며 복음을 전하던 그 시절, 처음 만난 전도 대상자는 석혜숙 할머니와 김난경 할머니였다.

자그마한 체구에 희끗희끗한 머리, 억센 평안도 사투리가 인상적인 석혜숙 할머니, 그리고 옆에서 석할머니의 손과 발이 되어주시던 김난경 할머니와 그의 세아들 병림, 병운, 병권이는 내 목회 인생에 잊을 수 없는 첫 열매로 기억된다.

"할머니, 예수 믿으세요!"

석할머니와 김할머니는 자리에 누워 한 손에는 담배, 다른 손에는 화투장을 들고 계셨다. 김할머니는 수줍으신 표정으로 고개를 돌리셨고, 석할머니가 우리를 힐끔 쳐다보며 말문을 여신다.

"나는 허리도 아프고 걷지도 못해 만날 이렇게 누워서 보냅니다. 나를 고쳐주면 교회 나가지요!"

그때 나는 어디서 그런 용기가 났는지 자신 있게 외쳤다.

"할머니, 아무 걱정 마시고 예수 믿으세요. 예수님이 깨끗이 고쳐주실 겁니다!"

나는 큰소리치며 집으로 돌아왔다. 하지만 걱정이 이만저만이 아니었다. 그래서 그날 밤부터 금식하고 철야하며 하나님께 통사정을 하기로 했다.

"하나님, 첫 영혼입니다. 제발 당신의 능력을 보여주십시오!"

나는 그 날부터 거의 매일 석할머니와 김할머니를 찾아갔다. 우리의 대화는 늘 똑같았다.

"할머니 교회 나오세요!"

"나를 고쳐주면 나가지…"

낮에는 온 동네를 뛰어다니며 전도하고, 밤에는 눈물로 하나님께 부르짖던 어느 날. 나는 용기를 내어 석할머니의 머리에 손을 얹고 내 생애 첫 '안수 기도'를 했다.

당시만 해도 내가 속해 있던 교단에서는 '안수는 임직식 외에는 금한다'고 아예 '법'이라는 큰 대못으로 콱 박아놓았다. 그래서 안수기도를 하면 정말 큰일이 나는 줄 알았다. 그런데 정말 큰 일이 일어나고 말았다.

수십 년을 자리에 누워 대소변을 받아내야만 했던 석할머니가 두 발을 땅에 딛고 일어선 것이다. 기적은 성경의 한 페이지에 머물러 있지 않았다. 하나님은 자기의 교회를 세우시고 복음을 전하시기 위해 친히 그 자리에서 일하셨다. 믿음으로 부르짖고, 하나님의 역사하심을 보기 원하던 그 자리에서 일어난 놀라운 기적. 석할머니의 간증은 삽시간에 온 동네로 퍼져 나갔다.

"하나님이 내 허리를 고쳐주셨으니 내가 하나님께 이 빚을 갚아야 합니더!"

석할머니와 김할머니는 그 후로 우리 부부를 따라 전도행전에 동참했다. 생생한 석할머니의 간증은 사람들의 발길을 교회로 향하게 했고, 교회는 성령님의 기름부으심으로 나날이 풍성해졌다. 하나님의 역사는 나의 생각과 계획을 훨씬 뛰어넘어

빠른 속도로 진행되고 있었다.

　작은 방에서 큰 방, 큰 방에서 거실, 거실에서 2층으로 전전하며 예배하던 새로운교회는 개척 1년 만에 성도 150명의 규모를 이루었다. 우리는 2층집이라고는 찾아볼 수 없는 고촌 신곡리의 휑한 논 200평 대지에 100평짜리 하얀 조립식 가건물을 지었다. 김포에서 처음 짓는 조립식 가건물을 구경하기 위해 둘러싼 마을 주민들은 곧 우리 교회의 가족이 되었다.

　석할머니의 간증과 헌신이 새로운교회의 밑거름이 되었다 해도 과언이 아니다. 누운 자리에서 화투 한 판 거하게 치고, 술 한 잔과 담배 한 모금 피우는 걸 낙으로 아무 의미 없이 인생을 사시던 석할머니가 하나님을 만난 순간 이렇게 180도 바뀐 것이다. 석할머니는 당시 조흥은행에 다니던 어느 집사님 댁에서 아이를 돌봐주고 살림을 돕는 일을 시작하셨다. 어느 날 해질 무렵 뒷짐을 진 석할머니가 날 찾아왔다.

　"조사님요. 이 헌금 받으소."

　석할머니는 꼬깃꼬깃 손에 쥐고 오신 봉투를 스윽 내밀었다. 봉투 안에는 50만 원이 들어 있었다.

　"하나님의 집을 짓는 데 써주소."

　석할머니는 아이를 돌보며 받은 한 달 월급을 고스란히 건축

헌금으로 내놓고 돌아가셨다. 땀과 눈물이 서린 헌금을 붙들고 하나님의 축복을 구하며 눈물로 기도하던 그날 밤이 생각난다.

　이렇게 순수하고 때 묻지 않은 개척자들의 열심으로 새로운 교회는 날로 그 이름처럼 새로워져 갔다. 갓 개척한 교회였지만, 그 열기 하나는 누구도 따라올 수 없었다. 개척 1년 후에는 쟁쟁한 교회들을 모두 제치고 노회 체육대회에서 종합우승을 차지하기도 했다.

첫사랑의 그리움에 울다

"조사님, 가지 마이소! 절대로 가시면 안 됩니다!"

울먹울먹 말끝을 흐리며 금식하며 철야 기도를 하시겠다던 석혜숙 집사님과 김난경 집사님…

"조사님, 우리는 어찌하라고 이렇게 가신단 말입니까?"

눈시울이 붉어져 말을 잇지 못하던 성도들… 그냥 보낼 수 없다며 부산까지 따라 왔다가 돌아가시면서 한없이 우셨다는 이중생 장로님과 내 첫사랑의 열매들을 나는 지금도 잊을 수 없다.

첫 개척의 뜨거운 열정이 채 식기도 전에 나는 다시 부산행을 택했다. 신학대학원 시절 부산 B교회에서 전도사로 사역을 했는데, 그 교회의 상황이 어려워지자 다시 나를 찾아온 목사님과 장로님들의 간청을 거절하지 못한 것이다.

"사랑하는 성도 여러분, 고맙습니다. 그리고 죄송합니다…"

더 이상 말을 이을 수가 없었다. 그 어떤 말로도 우리의 마음을 위로할 수 없음을 안다. 전도사 시절 몸담고 있던 부산 B교회로 다시 돌아가던 날. 김포 신곡리 48번 비포장도로를 빠져 나가는 버스는 유난히도 덜컹거렸다. 눈시울 적시며 배웅을 나온 성도들이 뽀얀 먼지 속으로 사라질 때까지 나는 차마 고개를 들 수가 없었다. '이 결정이 정말 옳은 것인가?' 수없이 반복되는 질문들... 하지만 나는 이미 돌아갈 수 없는 강을 건너고 있었다.

몇 달 간 쉴 새 없이 울리던 전화벨 소리가 내 귓가 뿐 아니라 마음까지 울렸다. 수시로 나를 찾아오던 부산 사람들. 봄부터 떠돌던 이야기가 겨울이 되자 현실이 되고 말았다.

"조사님, 우리교회의 상황이 너무 어렵습니다. 새성전을 건축하면서 빚더미에 앉았고, 정치 싸움은 계속되며, 교회는 부흥이 안 되고 있습니다. 담임 목사님 은퇴도 다가오고요. 조사님, 개척 2년만 하면 다시 돌아오신다고 약속하지 않았습니까! 다시 우리 교회로 돌아와서 교회를 살려 주십시오!"

부산에서 김포까지 달려와 나를 설득하던 장로님들과 집사님들의 간절한 메시지가 나를 다시 연고지인 부산으로 향하게 했다. 사실, 새로운교회 사역을 접고 떠나고 싶은 마음은 추호도 없었다. 새로운교회를 통해 하나님의 일하심과 부흥을 눈으로 보며 신바람 나는 경험을 하고 있었기 때문이다.

새로운교회는 개척 2년째에 접어들면서는 45명의 재직과 200여 명의 성도로 자리를 잡았고, 훈련이 잘 되어있는 성도들은

목사님, 교회가 너무 행복해요!

'하나님의 일'이라면 물불 가리지 않는 열심을 가지고 있었다.

나와 성도들 모두가 복음의 열정에 미쳐서 '사역의 재미'를 톡톡히 맛보던 당시, '고향' 같은 부산의 B교회가 큰 어려움에 처해 있다는 소식을 접할 때마다 나도 모르게 마음이 동하였나 보다. 내가 떠날지 모른다는 소문이 돌자 우리 성도들은 상처 입은 가슴으로 성전을 떠날 줄 몰랐다.

"조사님, 우리를 떠나시면 안 됩니다! 우리가 24시간 철야하고 금식 기도하며 꼭 막을 겁니다! 절대 못 가십니다!"

성도들의 고통이 그대로 나에게 전이되어 살을 저미는 괴로움으로 하얀 밤을 지새워야 했다. 당시 새로운교회는 안정된 모습으로 성장했다. 훈련이 잘 되어있는 성도들에게는 꼭 내가 아니어도 될 것 같았다.

하지만 이 첫사랑의 물결은 두고두고 내 가슴과 두 눈을 적셨다. 그 시절을 회고하면, "나도, 성도들도 하나님 앞에서 우리의 열심을 온전히 다하였노라"고 말할 수 있을 것 같다. 그토록 귀하고, 아름다운 열정이 그리움이 되어 아직도 내 가슴에 고스란히 남아 있다.

내 첫사랑의 열매들이여!

"최학량 목사입니다"

양승환 군목을 통해 수도방위사령부 군종참모로 있던 최 목사님을 만났다. 부산행을 결정한 이상 내 몸 같은 새로운교회를 사랑으로 이끌어줄 훌륭한 목자를 찾는 것이 절실했기 때문이다. 전역을 앞 둔 최 목사님은 당시 군 선교의 이상적인 존재였다. 교파를 초월해서 그분을 찾는 이들이 줄을 섰던 시절, 최 목사님은 감사하게도 내 청을 흔쾌히 허락하셨다.

"김 목사님! 대한민국에 이렇게 훈련이 잘 되어있는 교회는 없습니다. 1년 후에는 2~3천 명도 문제없겠어요!"

나는 문득문득 가슴이 아파올 때면 '나보다 더 훌륭한 선배님께 양들을 맡기고 떠나 왔으니 다행이야. 성도들을 위해 더 잘된 일이야' 하며 마음에 위안을 삼았다. 하지만 그것은 어디까지나 내 생각일 뿐이었다. 멀고 먼 부산까지 나를 찾아 내려온 첫사랑의 열매들은 뜨거운 눈물로 나를 설득하곤 했다. 그 때는 나의 결정과 행동이 그 순수하고 아름다운 성도들의 마음에 어떤 상처를 주었는지 잘 알지 못했다.

'배背.은恩.망忘.덕德.'

나는 지금도 새로운교회를 떠올릴 때면, 그 첫사랑을 저버리고 요나처럼 멀리 도망간 내 모습이 너무 부끄럽고 죄송스럽다. 그 뜨거운 사랑에 그렇게밖에 반응할 수 없었던 못난 나를 사랑으로, 애태움으로 찾던 내 열매들… 어쩌면 나는 그 사랑의 빚을 갚기 위해 다시 이렇게 김포의 외진 산골짜기로 돌아와 터를 잡았는지도 모른다.

"미안합니다.

내 인생의 소풍이 끝나는 그 날까지,

이 상한 마음을 잊지 않겠습니다.

진심으로 용서를 구합니다.

내 첫사랑의 열매들이여!"

뜻밖의 길에서
경험한 은혜

아픔을 뒤로하고 부산에서 보낸 시간은 내 인생에 큰 족적을 남겼다. 쉽지만은 않은 시간이었기에 마냥 철없고 어린 목회자였던 내가 수없는 고뇌와 번민 속에 하나님만 바라는 연습을 할 수 있었는지도 모른다.

철없는 교인 한 사람으로 시작된 교회 안의 분쟁에 교단의 더러운 정치가 개입되면서 교회가 교회의 기능을 잃고 하나님의 종이 그 이름이 무색할 정도의 고통을 겪는 모습을 보았다. 도망가고 싶었던 어느 날 나의 친구 박충렬 목사가 찾아와서 이렇게 말했다.

"지금 도망가면 안 된다. 너하고 아무 상관없는 일이라 할지라도 이곳에서 네가 받을 고난을 다 받아라. 지금은 네가 이 고난을 감당하고 견뎌내야 할 때야."

“콜록, 콜록......”

의사로부터 폐결핵 진단을 받고 치료중인 아내가 오늘따라 더 수척해 보인다. 내가 주의 종으로서 말씀을 전하고 양들을 돌보는 일 외에 당파간의 분쟁 속에서 이리저리 치이며 지쳐가는 걸 보던 아내가 그만 덜컥 병을 얻고 말았다.

나와는 아무런 상관없는 일이었음에도 오해가 오해를 낳고 헝클어진 실타래처럼 뒤죽박죽이 되어버린 교회 상황을 볼 때 가위로 싹뚝 잘라버리고 휑하니 돌아서고 싶은 순간이 수도 없이 반복되었다.

하지만, 그때마다 하나님은 그분의 사람들을 보내셨다. 그리고 그 상황 속에 잠잠히 하나님만 바라며 침묵하고 인내할 것을 말씀하셨다.

“하나님, 나를 살려주십시오. 내 영혼뿐 아니라 육신도 병들었사오니, 나를 돌아보소서!”

절규에 가까운 부르짖음은 2년여 시간 동안 끝나지 않았다. 이 시간을 지나며 나는 위와 신경계통에 병을 얻었다. 하지만 하나님은 언제나처럼 신실하게 나의 기도를 들으셨고, 나의 신음에 응답하셨다. 연단의 시간 끝에 나는 하나님의 약속의 말씀처럼 나를 온전케 하시고, 굳게 하시며, 강하게 하셨음을 고백하기에 이르렀다(벧전 5:10).

하나님은 그분의 방법대로 모든 상황들을 회복하셨다. 오해와 불신들은 그 진실을 보게 하셨고, 개척하여 평생 교회를 섬겨 오신 목사님은 명예롭게 은퇴하셨다. 나는 그 뒤를 이어 담임목사가 되었다. 위임식 날, 한없이 쏟아지던 눈물. 감사와 감격뿐 아니라 앞으로의 무거운 성직의 짐을 내 평생 어떻게 지고 가야 할지 두려움도 밀려왔다.

거친 비바람이 지난 후에 더욱 단단해진 교회는 하나님의 은혜로 날로 부흥되었다. 성도들이 한마음으로 교회를 섬기며 곳곳에 상처 난 부분들이 아물어갔고, 교회는 참다운 교회의 모습으로 성장할 수 있었다. 사랑으로 서로 돌아보며 허물을 덮어주고 은혜를 구할 때, 초대교회의 아름다운 성령의 역사들이 여기저기서 일어났다.

특별한 섬김으로 부족한 나의 목회에 든든한 버팀목이 되어주었던 이오식, 박호준, 김철곤, 세 분의 젊은 장로님들과 나의 영원한 제자이며 스승 같은 박경현 장로와 그 조직들의 이름을 떠올릴 때면 늘 감사하고 죄송한 마음뿐이다. 이들은 몸 된 교

회를 사랑하며 '섬김'의 본을 보여주신 아름다운 분들로 평생
기억될 것이다.

다시, 꿈을 꾸다

"오랫동안 마음에만 품고 실행할 엄두를 내지 못했던 일인데 이제 유학을 떠나고 싶습니다."

교회가 안정감을 갖고 활기를 찾을 무렵, 당회원들 앞에서 나의 속내를 비쳤다. 하나님의 때를 기다리며 인내의 시간을 보낸 끝에 내린 결정이었다.

"아니, 목사님. 가긴 어딜 가신단 말입니까? 그건 말도 안 됩니다. 절대로 안 됩니다!"

원로목사님과 장로님들은 한 목소리로 반대하셨다. 한마디로 난리가 났다. 하지만 나는 '때'를 놓치고 싶지 않았다. 젊은 나이에 '담임 목사'라는 직분에 안주하여 편안한 사역을 할 수도 있지만, 더 넓은 것을 보고 꿈꿀 기회를 찾지 못하면 평생 후회할 것 같았다.

'하나님, 지금이 당신의 때라면 제가 발걸음을 뗄 수 있게 도와주십시오!'

나는 간절한 기도로 당회원들 한 분 한 분을 찾아가 설득했다. 하지만 설득도 마음만큼 쉬운 일이 아니었다. 그러던 어느 날 이러다가는 도저히 안 되겠다는 생각에 나는 설교 중에 폭

탄선언을 해버렸다.

"성도님들. 이제 제가 미국으로 유학을 떠납니다."

성도들의 역반응은 상상을 초월할 정도였다. 안정감 있는 곳, 그리고 사랑하는 성도들을 떠나 새로운 길을 결정하고 나아가는 일은 늘 쉽지만은 않다. 그러나 때로는 안정감을 버리고 도전하며 꿈꾸어야 할 때가 있다. 쉼 없이 달리기만 했던 지난 몇 년 간의 시간들을 뒤로하고 새로운 마음으로 미국행을 결정했다.

이렇게 우여곡절 끝에 전도사, 강도사, 그리고 부목사와 담임목사를 역임한 교회를 떠나게 된 것이다. 시애틀의 워싱턴주립대학교로 유학을 결정하고 태평양을 건너던 날, 그 끝없이 펼쳐진 바다를 내려다보면서 한없이 울고, 또 울었다.

"하나님! 이 광대한 바다를 보면서 나의 작음을 깨닫습니다.

당신이 지으신 대자연 앞에서

나의 고뇌과 번민은 티끌에도 지나지 않음을 봅니다.

미물에 지나지 않는 나의 이름을 친히 불러주시고,

나를 위해 계획하신 하나님의 일들이 얼마나 놀라운지요.

하나님! 당신만을 바라며 살고 싶습니다.

온갖 폐수와 오물이 끝없이 흘러 들어와도 푸른빛과 짠 맛을 잃지 않는 바닷물처럼, 어떠한 환경에서도 변함이 없고 흔들림이 없는 목회자가 되어야 하지 않겠는가. 근심하며 고민하는 속 좁은 목회자가 아니라 넓은 가슴 활짝 열고 환하게 웃는 행복한 목회자가 되어보리라 마음먹으며 비행기 안에서 내 고향 거제도巨濟島의 거巨자와 태평양을 의미하는 바다 해海자를 따서 거해巨海라고 호號를 하나 지어보았다.

밴댕이 소갈딱지 같은 작은 가슴이 아니라 바다같이 넓은 가슴을 지닌 사람이 되고 싶은 마음을 담은 것이다. 또 나의 고향이 외포리 닭섬이라는 조그마한 포구가 있는 바닷가 깡촌이니 '거해'는 '거제도 촌놈이 바다 같이 큰 꿈을 품고 살고 싶다'는 촌놈의 야무진 바람이기도 하다.

83

미국에서의 유학생활은 외롭고 고단한 시간의 연속이었다. 내가 자처한 광야의 길에서 힘든 만큼 많은 유익을 얻기도 했다. 만리타국 학교 잔디밭에서 눈물 젖은 빵을 먹으면서 애국가를 부르고 조국의 앞날을 향한 작은 꿈들을 하나 둘 가슴에 품게 되었다. 극단적인 이기주의와 삐뚤어진 사고를 가진 유학생들을 보면서 앞으로 그들이 주역이 되어 이끌어갈 우리나라의 앞날을 생각하니 가슴이 먹먹해졌다.

"하나님, 젊은이가 살아야 나라가 삽니다. 이 땅의 젊은이들을 살릴 수 있는 일에 나를 사용해 주십시오!"

유학을 마치고 한국에 돌아온 나는 전혀 새로운 길을 걷게 되었다. 교인이 아닌 정부의 고위 공직자와 정치인, 그리고 육, 해, 공군을 비롯한 전후방 부대들과 각 지방자치 단체를 돌면서 강연을 했다. "진정한 행복은 남을 섬기는 것이다", "젊은이가 살아야 나라가 산다"며 이 땅의 젊은이들과 공직자들을 향해 꿈을 외치며 미친듯이 뛰어다니던 시간이 자그마치 8년이다.

이런 나를 국방 관계자들은 '국방 대변인'이라 불렀고 정치인들은 '신한국 개혁 전도사'라는 별명을 붙여 주기도 했다. 당시 내 노트 가득 빼곡히 들어선 강연 일정과 만남들을 보면, 내가 그 시절을 얼마나 뜨거운 열정으로 살았는지 알 수 있다.

하나님이 하신 일들은 정말 놀라웠다. 한때 전군 지휘관 회의에서 '장병들에게 종교를 너무 강요하지 말라'는 윤○○ 참모총장의 지시 하나로 장병들의 세례식이 중단된 적이 있었다. 그때 하나님은 나를 통해 육군참모총장과 지휘관들의 닫힌 마음을 열게 하셨고, 육군 논산훈련소에서 3,100여 명의 장병들에게 복음을 전하고 합동 세례식을 거행하게 하셨다.

장병들이 하나님 앞에 무릎을 꿇는 것을 목도하며 양복은 물론 가운까지 젖을 만큼 흘러내리던 땀과 눈물. 그 감격의 순간을 지금도 잊을 수 없다. 젊은이들을 향해 꿈을 외치며 나의 온 열정을 담아 뜨거운 가슴으로 복음을 전하던 날들. 이 땅의 젊은이들에게 꿈과 비전의 메시지를 전하던 그 시간이 나에게 참 행복한 기억들로 남아 있다.

국방부뿐만 아니라 국회와 청와대, 정부종합청사 등 장소와 대상을 불문하고 마음껏 복음을 전할 수 있었던 것은 분명 하나님이 나의 기도에 주신 응답이었다.

너희 안에서 행하시는 이는 하나님이시니 자기의 기쁘신 뜻을 위하여 너

희에게 소원을 두고 행하게 하시나니 (빌 2:13)

너희 말이 내 귀에 들린 대로 내가 너희에게 행하리니 (민14:28)

목사님, 교회가 너무 행복해요!

고난이 내게 유익이라

1분, 1초를 쪼개 전국 각지를 돌고 앞만 보며 달리던 시절, 함께 교회 생활을 하던 유집사가 "김포에 아주 싸고 조용한 땅이 있으니 같이 사자"고 했다. 나는 '싸고 조용하다'는 말만 듣고 가보지도 않은 채 그 땅을 사기로 했다. 석 달쯤 지났을까. 평생 공직 생활을 하시던 장인어른이 은퇴 후에 서울에 오셨다.

"김포에 땅을 샀다는데, 어디 한번 둘러보러 가지."

장인, 장모님을 모시고 큰 딸 밝음이와 함께 찾아간 김포의 땅은 주소만 가지고는 찾기 힘들만큼 외진 곳에 있었다. 나도 말로만 듣고 땅을 샀기에 어이가 없어 말문을 열지 못했다. 군부대를 지나 수풀과 가시덤불을 헤치고 언덕을 오르락내리락하기를 몇 번. 누가 봐도 쓸모없는 땅이 시야에 들어왔다. 골짜기에 나지막이 흐르는 시내의 소리가 들려왔다. 개울 작은 돌 밑에는 가재들이 놀고 있었다. 장인, 장모님은 꽤나 실망하신 눈치였다.

"허허, 참 희한한 땅이네. 이걸 뭐하려고 샀나? 아무래도 속은 것 같네" 하시고는 말이 없으셨다. 철조망이 어지럽게 흩어져 있고, 좌우로 군사훈련장이 있는 황무지 같은 땅. 길도 없어 누구도 찾아올 수 없는 이 땅을 나에게 구입하라고 권하던 유 집사가 정말 원망스럽기도 했다. 부동산 중개인은 농사도 지을 수 없고 개발도 어려운 땅이지만 아주 헐값에 샀으니 그냥 속는 셈 치고 가지고 있으라고 위로 아닌 위로를 했다.

고요하다 못해 적막한 땅. 길도 민가도 없는 삭막한 곳. 누구도 관심 갖고 찾지 않았을 외진 비탈길에 오늘의 김포전원교회가 세워질 줄을 누가 알았겠는가.

6장

흙탕교회 이야기

"비가 내리는구나. 오늘도 우리 지윤이랑 성원이가 장화를 신고 산길을 걸어오겠네."

비가 내리는 날이면 군부대 입구에 차를 세워놓은 성도들이 장화로 신발을 갈아 신어야 교회까지 들어올 수가 있었다. 흙탕물 범벅이 된 장화로 예배당에 들어선 아이들은 우리 교회를 '흙탕교회'라고 불렀다. 우리 교회의 마당에는 아직도 아스팔트가 깔려있지 않다. 교회로 들어서는 길은 매끄럽게 포장되었지만 여전히 비오는 날이면 성도들의 발은 흙탕물이 묻어 있다. 아직도 질퍽한 산길을 걸어 오르던 개척 식구들의 발걸음이 내 마음에 깊은 감사함으로 남아 있다.

우리교회에 와 본 이들은 하나같이 이런 저런 말들을 남겼다. 군부대를 지나쳐 길을 따라 올라오며 '이곳에 어떻게 건축 허가를 받고 길을 냈을까?' 묻기도 했다. 일 년에 몇 번씩 바뀌는 군부대 지휘관과 참모들도 훈련장 순시를 나올 때마다 이상하다고 말한다. 이상한 게 당연한 일이다. 그리고 그 이상함이 당연함이 되기까지는 많은 시간과 고난이 있었다. 중요한 것은 이 모든 상황을 하나님이 해결하셨다는 것이다. 하나님이 하신 일을 사람이 어찌 이해할 수 있으랴.

이 산골짜기에 교회를 지을 때, 나는 이미 수백, 수천 명이 모이는 교회는 꿈꾸지도 않았다. 내가 꿈꾼다고 해서 이루어질 일도 아니지만, 교인의 숫자에 마음을 두었다면 이곳에서 시작조차 하지 않았을 것이다. 그저 내가 꿈꾼 것은 '소풍처럼 행복한 교회' 그것 하나뿐이었다. 작은 물방울이 모여서 개울이 되고, 개울이 시내가 되고, 시내가 강이 되고, 강이 바다가 되듯이 한 방울의 물이 없으면 큰 강도 바다도 없게 된다. 그것이 '한 사람'이 귀한 이유다.

작은 것이 더 아름답고, 작은 것이 더 귀하다. 그렇게 한 영혼을 귀히 여기는 교회, 한 영혼이 쉴 수 있는 교회를 꿈꾼다. 어떤 이들은 속세를 떠나 산속에서 속편하게 목회하기 위해 이 곳으로 들어온 게 아니냐고 묻는다. 하지만 불편과 불행이 다르듯, 편한 것과 행복은 다르다. 나는 행복한 목회를 꿈꿨고, 하나님이 지금도 아름다운 교회를 만들어가고 계심을 믿는다.

끝이 보이지 않는 수평선을 바라보며 어린 시절을 보냈다. 바닷가에서 자랐기에 파도의 두려움도, 고요한 물결의 아름다움도 자연스레 배울 수 있었다. 어린 시절부터 하나님의 이름을 부르면 나도 모르게 든든했다. 그리고 하나님이 나의 손을 잡아주시면 모든 것이 가능할 것만 같았다. "네, 하나님. 믿습니다!"라는 고백과 무조건 믿는 믿음이 지금까지 나의 삶을 지탱해준 가장 값진 재산이다.

오늘날의 김포전원교회를 취재하기 위해 가현산 골짜기를 찾아오는 기자들이 묻곤 한다. "어떻게 이곳에 교회를 세울 생각을 했습니까?" 무엇이 나에게 믿음을 주고, 그 믿음을 실행에 옮기게 했느냐는 질문 앞에 나는 늘 단순해진다. 하나님이 내게 꿈을 주셨고, 나는 그 꿈이 하나님께로부터 왔음을 믿었을 뿐이다. 하나님을 믿는다는 고백 앞에서 '무엇 때문에'라는 말은 필요 없다. 하나님은 언제나 내게 그것을 원하셨다.

시애틀의 워싱턴주립대학에서 공부하던 시절, 아내와 함께 두 아이들을 데리고 세계에서 가장 아름다운 곳 중 하나로 꼽히는 빅토리아와 로키산맥을 여행했다. 행복한 여행을 마치고

목사님, 교회가 너무 행복해요!

다시 시애틀로 돌아오는 길에 우연히 도로변에서 'Wayside chapel'이란 안내판이 붙은 자그마한 예배당을 발견했다. 어른 여섯 명이 겨우 앉을 수 있을 만한 좁은 공간이지만 충분히 마음을 쏟아놓고 기도할 수 있는, 말 그대로 '작은 예배당'이었다.

이 공간은 마약이나 알코올에 중독된 사람들, 또는 가정과 사업에 실패하여 삶을 비관하고 죽음을 선택한 이들이 고속 도로에서 죽음의 질주를 할 때, 그들의 마음에 다시 한 번 온전한 평안을 선물하는 곳이다. 실제로 마지막으로 향하는 순간에 발견한 작은 예배당에서 기도하며 죽음에서 마음을 돌이켜 새로운 삶을 살아가는 이들이 적지 않다고 한다.

나와 아내도 두 딸과 함께 그 작은 예배당에서 마음을 다해 기도하고 하나님께 예배했다. 맞잡은 손을 하나님께 올려드리며 뜨겁고 간절히 기도했던 그 시간, 우리는 놀라운 은혜와 감격에 젖을 수 있었다. 그 순간 나는 새로운 꿈을 꾸었다. '내가 언젠가 한국에 돌아가면, 전국 곳곳에 이렇게 작은 예배당을 지어 삶에 지친 이들이 마음껏 기도할 수 있게 하리라.' 미술을 전공한 아내는 이런 내 마음을 알았는지 이미 작은 예배당의 모습을 스케치하고 있었다.

다람쥐와 도토리를 벗 삼아 작은 움막 안에 머물며 개척의 삽을 뜨던 어느 날, 시애틀로 향하던 그 도로변에서 품었던 소망이 열매를 보았다. 1.5평, 4.96제곱미터짜리 작은 예배당이 완공된 것이다.

개척의 부르심에 순종한 첫 마음으로 지은 이 예배당은 어른 네 명이 들어가면 꽉 차는 아주 작은 규모였지만 나에겐 무엇보다 의미 있는 기쁨의 예배 처소였다. 곡괭이 하나로 터를 잡고 조립식 패널panel로 소망을 담아 지어낸 이 처소에 작은 나무 십자가를 걸어두며 눈물을 흘리던 아내를 기억한다.

우리에겐 이것이 첫 소망이었다. 누구도 산골짜기에 자리한 1.5평짜리 교회를 바라보며 부흥을 꿈꾸지 못했다. 하나님의 일하심을 꿈꾸지 못했다. 하지만 그것은 분명, 놀라운 기적의 시작이었다. 이 작은 예배당을 시작으로 여러 사람이 함께 모여 예배할 수 있는 소나무 홀 건축을 시작했다. 단 몇 명의 성도라도 좋았다. 함께 예배할 수 있다면 그 이상의 감동이 없으리라 생각했다.

12년이 지난 지금 우리는 하나님이 허락하신 행복한 부흥의

자락을 타고 750평 규모, 2,000명이 함께 예배할 수 있는 예배
당을 건축했다. 참으로 놀라운 일이다. 아무 것도 없던 황량한
이 외진 산골짜기에 하나님이 이루신 놀라운 쾌거다. 우리의 작
은 소망에 이토록 크게 응답하신 이가 누구신가. 바로 우리의
하나님이 아닌가.

꿈꿀 수 없었기에 기도했고, 소리 내어 울 수조차 없었기에
말없이 눈물을 흘렸던 지난날의 순종에 하나님은 놀라운 은혜
로 화답하셨다. 이것이 내 하나님의 마음이다. 나보다 날 더 사
랑하시는 하나님의 은혜다.

1.5평의 작은 예배당은 유숙종 권사님의 기부금으로 예쁘게
단장을 했고, '세계에서 제일 작은 교회'라는 예쁜 안내판도 걸
어 두었다. 이 작은 예배당을 볼 때마다 내 안에 '한 영혼을 향
한 마음'이 새로워진다. '한 영혼의 삶에 쉼을 주는 것, 살아갈
용기를 주는 것, 그리고 행복을 주는 것'이 내 목회 철학이며,
이 예배당을 세운 이유이기도 하다.

우리교회에 첫 방문하는 이들은 이 작은 예배당을 보며 신기
해 하기도 하고, 즐거운 기색을 보인다. 처음에는 흥미를 갖고
작은 문을 열어보지만, 나중에는 그 작은 예배당 안에서 은혜
로운 예배의 감격에 젖어 나오는 이들을 종종 본다.

　이 작은 예배당에는 앉을 의자와 말씀을 전하는 자를 위한 작은 단상, 그리고 예수 그리스도의 보혈을 기억하게 하는 십자가뿐이다. 호화로운 대리석도, 어떠한 장식물도 없다. 하나님 앞에 나아가는 우리의 마음, 그리고 거룩하게 구별된 한 평의 공간이 전부임에도 많은 이들이 이 작은 처소에서 충만한 은혜를 경험한다.

　요즘 교인들은 '크고 편리한, 그리고 아름답고 고급스러운' 교회를 찾는다. 그게 과연 하나님이 원하시는 예배당의 모습일까? 큰 처소에서 많은 양들을 품는 작은 목자 한 사람이기보다는, 좁은 처소일지라도 한 마리의 양을 온전히 품을 줄 아는 큰 목자이기를 소망한다.

"하루를 살아도 행복할 수 있다면 나는 그 길을 택하고 싶다..." 내가 즐겨 부르는 찬송가 760장(?)의 가사다. 하나님은 우리가 두려움과 분노, 고통과 괴로움 가운데 인생을 살아가는 것을 원치 않으신다. 물론 '고난이 내게 유익이라'는 말씀처럼 고난이 우리로 하여금 하나님께 더욱 가까이 나아가게 하는 통로가 되기도 한다. 하지만 하나님은 그 형상을 따라 지음 받은 우리가 행복하기를 바라신다.

행복은 어느 날 갑자기 찾아오는 것이 아니다. '행복을 누리는 것'에도 노력이 필요하다. 목사의 입장에서 성도들의 행복, 행복한 예배를 꿈꾼다면 그저 머릿속에 맴도는 꿈으로 멈추어서는 안 된다. 생각한 것을 실행에 옮기는 과감함이 필요하다. 요즘 대기업들의 경영 전략에는 기본적으로 '고객 만족, 고객 감동'의 이미지가 들어간다.

고객에게 만족과 감동을 주는 기업이라면 성공하는 것은 시간문제일 것이다. 교회도 마찬가지다. 성도들이 예배에 만족과 감동, 나아가 행복을 느낀다면 그 교회의 부흥은 자연스러운 결과일 것이다. 소위 잘나가는 기업들은 고객에게 편리한 시설

과 고급스러운 서비스를 제공한다. 그렇다면 교회는 어떻게 성
도들의 행복을 추구해야 할까?

우리교회가 가장 먼저 추구했던 행복은 '편안함의 행복'이
다. 나는 정말 특별한 경우(장례식, 결혼식)가 아니면 고급스러
운 정장과 빛나는 넥타이핀 대신 편안한 캐주얼 차림으로 말씀
을 전할 뿐 아니라 성찬식과 세례식도 한다. 이러한 변화는 있
는 모습 그대로 제자들과 함께 말씀을 전하러 다니셨던 예수님
의 모습에서 찾은 아이디어다. 예수님은 화려한 수가 놓인 비
단 옷을 입고 성찬을 베풀지 않으셨다. 예수님은 있는 모습 그
대로, 그 자리에서, 꾸밈없는, 가장 편안한 모습으로 제자들을
대하셨다.

'당회나 제직회'라는 단어는 단 한 번도 사용해본 적이 없
다. 또 솔직히 그런 조직도, 그런 회의도 해본 적도 없다. 모든
회의는 간소화했고, 난해한 표현과 딱딱한 형식을 벗어버렸다.
이러한 미팅meeting은 미션mission을 위해 있는 것인데, 우리는
때때로 미션mission을 위해 미팅meeting을 하다가 미션mission을
잃어버리기도 한다. 이렇게 본질을 잃고 형식과 격식만 남는
일이 없도록 각종 회의를 간소화 한 것도 우리가 추구한 '편안
함의 행복'이다.

　목사가 앞에서 율법적이고 권위주의적인 모습을 벗어버리면 성도들이 행복해질 수 있다. 이렇게 형식을 벗어버리는 행복이 예배의 기쁨을 더할 수 있다면 과감한 변화도 때로는 기쁜 일이 된다. 형식을 벗었다고 본질까지 잃어서는 안 된다. 형식의 옷을 벗은 만큼 더욱 진실하게, 진지하게 본질에 충실해야 한다. 이러한 노력으로 성도들은 목회자에게 친밀감을 느낄 수 있게 된다. 예수님은 경건의 모양보다 경건의 능력을 믿어야 함을 우리에게 가르치셨다(딤후 3:5).

진리를 알지니 진리가 너희를 자유케 하리라 (요 8:32)

7장

행복한 교회, 행복한 목사

“정숙아, 니 뭐하노?”

세제 거품에 흥건히 젖은 두 손으로 물통을 닦고 있는 아내가 빼꼼히 고개를 들고 나를 본다.

“물통 닦아요. 한 번씩 세제로 닦아내야 깨끗하잖아요.”

백혈병으로 투병 중이신 장모님 수발에 두 아이를 돌보면서도 힘든 내색 한번 안하던 아내는 수 백, 아니 수 천 개의 물통을 일일이 세제로 닦아내도 허리가 아픈 줄 몰랐다. 아내로서, 엄마로서, 딸로서, 사모로서 힘든 나날을 보내면서도 기쁨으로 웃고 있는 아내 옆에는 말끔히 씻긴 물통들이 반짝반짝 빛을 내며 예쁘게 줄을 서 있었다.

교회로 들어오는 도로도 생겼고, 이제 슬슬 전도의 불을 붙일 때가 되었다. 하지만 우리에겐 다른 교회들처럼 '전도용 선물'을 제작할 비용이 없었다. 그리고 예쁘게 인쇄된 작은 전도지 한 장 가지고는 사람들의 발길을 이 산골짜기까지 인도할 수 없을 것 같았다. 아내와 나는 고심 끝에 '우리가 가진 것'으로 특색 있는 전도를 해야겠다는 결론에 이르렀다.

이 교회의 초석을 세울 때도 '내가 가진 것'을 내어놓기 원하셨던 하나님. 과연 우리는 '김포전원교회가 가지고 있는 것'은 무엇일까? 그것은 바로 '약수'였다. 군부대에 식수를 공급할 만큼 풍부하고 질 좋은 물이 우리 김포전원교회에 하나님이 허락하신 가장 큰 자산이다. 평야지대로 유명한 김포에 풍부한 물이 넘치는 이 땅은 하나님이 만세 전부터 전도하라고 예비하신 선물인 것 같다. 때마침 형님(김봉군 안수집사)이 전도용 페트병 5,000개를 기증해 주셨다. 기획력이 뛰어난 형님은 페트병에 우리 교회의 약도와 전화번호까지 인쇄해 주었다.

주일 아침, 도심에 있는 교회에도 출석하기도 바쁜 요즘 사람들의 발걸음을 가현산 기슭으로 옮기는 것은 불가능한 것 같았다. 하지만 불가능을 가능케 하는 하나님의 능력을 믿으며 우리는 페트병에 약수를 가득 담아 차에 싣고 멀리 떨어진 마을들로 향했다.

"안녕하세요! 주일 아침에 가현산에 오세요. 이렇게 맛 좋은 약수가 있습니다!"

깨끗이 씻어 놓은 페트 병 가득 시원한 생수를 담고 봉고 차에 싣고서 민가로 향한 우리들은 집집마다 문을 두드리며 생수와 함께 복음을 전했다.

전도자에게 문전박대는 필수요, 재도전은 선택이 아닌가. 흔쾌히 문을 열어주지 않는다고 해서 낙심할 것도 없었다. 두드리고, 또 두드렸다. 처음에는 눈에 보이는 열매가 없어 낙심하기도 했다. 하지만 하나님의 은혜가 가득 녹아있는 우리의 사랑스런 약수통들은 사람들의 강퍅한 마음을 녹이고 생명을 전하는 '생명수통'으로서의 역할을 톡톡히 해냈다.

주일날 아침 공기 좋고 물 좋은 곳에 약수나 한번 뜨러 가보자는 마음으로 우리 교회를 향했던 많은 사람들이 어느새 집사님들이 되어 교회를 섬기고 있다. 자그마한 포구가 있는 갯마을에서 태어나 자란 나는 아무리 좋은 그물과 배, 그리고 고기 잡는 기술을 가진들 바다에 나가 그물을 던지지 아니하면 한 마리의 고기도 잡을 수 없음을 너무나도 잘 알고 있다.

전도도 마찬가지다. '내가 가진 그물을 던져본들 몇 마리나 잡히겠나' 싶은 심정일지라도, 믿음으로 그물을 던진 자만이 베드로에게 허락하셨던 '그물이 차고 넘치는' 은혜를 맛볼 수 있다. '전도! 하면 되고, 안 하면 안 된다!' 이것이 김포전원교회의 '전도 비결'이다.

아내의 상기된 얼굴을 보니 오늘을 얼마나 기다려왔는지 느낄 수가 있었다. 드디어 설렘과 기대로 기다려온 그날이 온 것이다.

"여보, 드디어 아파트 입주가 시작되었어요!"

교회에서 난 길을 따라 내려오면 맞이하는 첫 마을에 아파트가 세워졌다. 평화롭고 조용하기만 했던 김포 들녘에 우뚝 솟은 전원마을 월드 아파트는 우리의 간절한 기도의 소산이었다. 자동차로 25분 이상 달려야 전도 현장에 닿았는데, 이제 15분 거리에 2,000세대가 입주를 앞두고 있으니 어찌 흥분하지 않을 수 있겠는가!

밤을 새워가며 준비한 전도용품을 들고 당도한 월드 아파트에는 이미 대형교회들이 교세를 과시하며 자리 잡고 있었다. 달랑 3명뿐인 우리 전도 팀은 수적으로도 열세를 면치 못했지만 우리에겐 재빠른 발품과 뜨거운 열정이 있지 않은가. 뾰족구두를 신고도 생수통을 4개씩 들고 20층 계단을 오르내리는 열정 말이다.

한번은 전도를 다녀온 아내의 두 눈이 퉁퉁 부어 있었다.

"생수통을 들고 계단을 오르내리면 다리가 부어야지 와 눈이 부었노?"

아내는 말이 없었다. 어디서 서러움을 당했나 싶어 걱정이 되었다. 나중에 듣고 보니 복음을 전하려 문을 두드렸던 곳에서 생판 들어본 적 없는 과격한 욕들을 한바탕 들었다고 한다. 온실 속 화초처럼 곱게 자란 아내가 이토록 험한 일을 당하고 나니 너무 놀라고 속상해서 펑펑 울었다고 한다.

이렇게 힘들어 포기하고 싶었던 그 순간, 마지막 힘을 다해 눌렀던 벨에 마음을 열어주신 분들이 지금은 우리 교회에서 중추적 역할을 감당해내는 집사님들이 되어 있다. 큰 교회들의 전도용 대형 텐트가 부러웠던 그 시절, 언젠가 우리도 저렇게 전도할 날이 오겠지 생각하며 하염없이 바라보며 기도했던 그 기도가 오늘날 응답되었다.

미약한 시작에도 은혜를 주셨던 하나님이, 바로 우리 김포전원교회의 하나님이시다.

교회, 멀어서 못갑니다

몇 십리 길 마다 않고 산길을 걸어서 드문드문 세워진 교회로 향하던 이 땅의 첫 크리스천들의 삶을 생각해 본다. 그들의 기도가 뿌려진 땅에서 우리는 참으로 편안하게 예배하는 복을 누리고 있다. 지금도 많은 선교지에서는 몇 시간을 걸어 예배당을 찾는 현지인들이 있다. 하지만 한국의 현실을 보면, 고개만 돌려도 시야에 들어오는 자리 어디쯤엔가 교회가 세워지지 않은 곳이 없다.

넘쳐나는 교회, 그 속에 행복한 발걸음으로 교회로 향하는 성도들은 몇이나 될까? 그저 주일날 잠깐 다녀왔다는 사실로 크리스천의 임무를 다했노라 말하는 이들이 얼마나 많은가? 손만 뻗으면 닿을 거리에 넘쳐나는 교회들. 예배에 대한 애타는 간절함도 점점 사라지는 것 같다. 이번 주는 몸이 좀 아파서 못가고, 지난주는 차가 막혀서 못 갔으며, 다음 주는 집안 행사가 있어서 못 갈 예정인 교회. 예배의 참 기쁨을 맛보지 못한 성도들의 현주소다.

나는 언제나 설렌 가슴과 반짝이는 눈으로, 사랑하는 사람과의 데이트를 기다리는 젊은이의 마음으로 교회를 찾아올 성도들을 꿈꾼다. 우리교회 성도들 중 과반수는 김포 지역에 거주하지 않는다. 김포를 비롯한 서울, 인천 등 수도권 외곽 지역에서 주일 아침마다 원거리 출석을 하는 성도들이 많다.

개척 5년 정도 되었을 때까지는 원거리에서 출석하는 성도들은 전체 성도의 절반이 채 되지 않았다. 가까운 곳에 사는 성도들부터 먼 곳에 사는 성도들이 성전을 가득 채우도록 모이기까지 우리가 한 일은 첫째로 '소풍처럼 행복한 교회를 꿈꾸는 것' 그리고 두 번째는 '기본에 충실한 전도' 뿐이다.

눈에 보이는 열매가 없을지라도 생수통을 차에 싣고 인근 지역에 찾아가 전도하는 일을 멈추지 않았고, '어떻게 하면 더 행복한 교회가 될 것인가?'라는 고민을 멈추지 않았다. 성도의 입장에서 교회를 바라보고, 편안하며 행복한 예배를 위한 '변화'를 두려워하지 않았다. 그러던 어느 날부터인가 하나 둘, 낯선 얼굴들이 예배당에 모이기 시작했고 어느새 우리는 가족이 되어 있었다.

목사님, 교회가 너무 행복해요!

겨우내 교회 앞마당에 떡하니 버티고 서 있던 도토리나무 가지에 움이 트고 있다. 겨울 가뭄 끝에 봄을 재촉하는 비가 촉촉이 내리는 걸 보니 내 마음도 봄처럼 피어나는 것 같다. 겨울이 추운 것은 태양에서 멀리 떨어져 있기 때문이다. 우리의 영혼도 의의 태양이신 주님으로부터 멀리 떨어지면 추운 겨울을 맞게 된다. 이런 '겨울의 심령'을 녹일 수 있다. 겨울은 아무 열매도 맺을 수 없다. 사랑도, 소망도, 기쁨도 없고, 감사도 찬송도 잃어버리게 된다. 모든 것이 피어나는 봄, 나는 오늘도 봄처럼 화사한 행복이 피어나는 교회를 꿈꾼다.

2001년 어느 날, 국민일보 기자가 나를 찾아왔다.

"안녕하십니까? 목사님, 국민일보 전정희 기자입니다. 산 속 작은 교회에 사람들이 모여든다는 소문을 듣고 찾아왔습니다!"

당시 성도 수가 100여 명도 채 안 되었을 때다. 그 기자의 표현을 빌리자면 김포전원교회는 '가다가 놀라고 가보고 놀라는' 교회란다. 굽이굽이 산 깊숙이 자리 잡고 냉난방 시설도 세련되게 갖추지 못한 조립식 건물로 방긋방긋 웃으며 찾아오는 성도들의 모습에 놀랐을 게다. 우연찮게 언론에 이렇게 노출이

된 후로는 각종 언론에서 문의가 쇄도하고 벤치마킹을 하겠다며 찾아오는 교회의 수도 부쩍 늘었다.

찾아오는 이들에게 '마땅히 보여줄 게 없는 교회'이기에 미안한 마음이 들 지경이었다. 우리가 보여주고 싶은 건 눈에 보이는 시설과 규모가 아니라 성도들의 가슴에 있는 행복이다. 하나님과의 만남인 예배. 만남이 행복하고 즐거우려면 그 안에 사랑과 기쁨, 즐거움이 있어야 한다. 딱딱하고 무미건조한 만남은 우리를 피곤케 한다. 예배도 마찬가지다. 감동과 생동감, 성령의 임재, 그리고 미래지향적인 예배는 하나님과 우리의 만남에 설렘과 행복을 줄 수 있다.

'보통 기독교 장년층의 주일예배' 하면 찬송가 한두 장과 말씀이 기본 사항이다. 기본에 충실하되, 변화를 주어야지 왜 찬송가는 한두 장만 불러야 하는가? 찬송은 우리의 가슴을 뜨겁게 하는 곡조 있는 기도다. 때때로 우리는 찬양의 고백으로 죄악된 마음을 고백하기도, 사랑을 고백하기도 한다. 우리교회는 뜨거운 찬양으로 예배의 문을 연다. 경배와 찬양으로 하나님의 임재를 경험하고 하나 된 마음으로 집중했을 때 말씀 선포가 이어진다.

찬송가를 쳐다보고 1절부터 4절까지 가사가 틀리지 않는 것

목사님, 교회가 너무 행복해요!

에 집중하는 찬양 시간이 아닌, 자리에서 일어나서 두 손을 높이 들고 자유로운 모습으로 뜨거운 마음을 다해 찬양하는 찬양의 시간은 예배의 분위기를 성령의 임재하심으로 자연스레 이끌어준다. 이렇게 '자연스럽고 감격적인 예배'가 성령의 기름 부으심이 있는 예배가 아닐까. 치유와 회복이 있는 예배가 '진정 행복한 예배'일 것이다.

8장

행복한 목회의 패러다임을 열다

"목사님, 잔디밭에서 우리랑 공놀이 해요!"

주일예배 후 식당에서 점심을 먹고 나오는데 아이들이 내 손을 사정없이 잡아끈다. 마음은 원이로되 몸 따로 마음 따로다. 물 찬 제비처럼 이리저리 날아다니는 브레이크 없는 아이들을 따라 다니는 게 여간 힘든 일이 아니다.

"어이쿠, 목사님 아이들 체력 따라 가시겠어요?"

바로 옆 족구장에서 주제를 잘 파악하시라는 충고에 이 때다 싶어 족구장으로 옮겼다. 주일 예배 후에 흙바닥을 뒹굴며 공을 차고 신이 나게 어울리는 성도들의 모습을 보니 너무나도 행복했다. 나는 참 행복한 목사다.

"하나님! 이들을 통해 당신의 행복 노래가 계속 이어지게 하소서!"

　"인생은 B에서 시작해서 D로 끝납니다." 내가 즐겨 사용하는 표현이다. Bbirth에서 시작해서 Ddeath로 끝나는 인생, 그럼 그 사이에 있는 C는 무엇일까? 그것은 바로 choice선택고 challenge도전다. 우리는 이 땅에 태어나 죽는 그날까지 많은 선택을 한다. 그 선택이 때때로 우리에게 행복을 주기도 하고, 우리의 인생을 불행으로 이끌기도 한다.

　크리스천이라면, 모든 선택과 도전 앞에서 그 일이 하나님 보시기에 좋은 것인지 먼저 생각해볼 줄 알아야 한다. 그리고 선택하고, 도전할 때에는 망설임이 없어야 한다. 예배도 마찬가지다. '하나님과의 만남인 예배가 더 뜨겁고, 더 행복하려면' 이란 고민 앞에서 목사와 성도들은 과감한 변화를 선택하고 도전해야 할 때가 있다.

　나는 교회 개척과 중견교회 담임목사직을 거쳐 김포전원교회를 개척하기까지, 다양한 예배의 형식을 많이 경험해왔다. 그리고 최종적으로 나는 거룩하고 권위주의적인 목사이기를 포기하기로 결정했다. 율법과 권의주의적인 옷을 훌훌 벗고, 성도들 곁에서 성도들과 함께 울고 웃는 소박한 목자이기를 원한다.

목사가 마음을 열기로 결정했을 때, 그리고 '세계적이고 훌륭한 목사'가 되어 교회의 이름을 만방에 알리는 목사가 아니라, '친구 같고, 아비 같은 목사'가 되어 끝까지 성도들 옆에서 '행복한' 목사가 되기로 선택했을 때, 그 목적을 향해 가는 길에 마주하는 도전과 변화는 더 이상 두려운 것이 아니었다.

성도가 한 명이어도 행복하고, 두 명이어도 행복하다. 자식이 한 명이라 불행하고 두 명이라 행복한 게 아닌 것처럼 말이다. '행복'은 사람을 끄는 힘이 있다. 행복한 사람 곁에 머물고 싶은 마음을 느끼는 것은 지극히 자연스러운 일이다. 목사가 행복한 마인드로 목회를 하면 성도들도 그 행복을 느낄 수 있다. 성도들이 행복하면 그 성도들의 삶 속에 행복의 꽃이 피어나게 마련이다. 그 행복의 꽃에는 향기가 있어, 그 이웃들이 그 향기를 맡게 되고, 그 향기를 따라 예배하러 나아오면 교회는 부흥하게 되어 있다.

외진 산골짜기에 움막치고 시작한 교회가 이제는 출석 성도 1,200명을 훌쩍 넘은 큰 교회가 되었다. 행복의 꽃씨가 날려 한 해, 두 해 풍성한 꽃밭을 만들어가고 있다. 행복하기로 선택하는 인생, 행복을 위해 도전하는 교회에선 향기가 난다. 세상에서 맛볼 수 없는 천국의 향기를 말이다.

"행복한 가정을 꿈꾸십니까?"라는 질문에 "아니요"라고 답할 사람은 없을 것이다. 결혼의 문턱 앞에 선 이들은 모두가 행복한 가정을 꿈꾸고 더 아름답게 살겠다는 다짐도 잊지 않는다. 하지만 이미 가정을 이루고 오랜 시간을 살아온 이들은 '행복한 가정'을 세우는 일이 결코 쉽지 않는 일임을 인정할 것이다. 행복한 가정을 이루고 아름다운 삶을 사는 길은 성경 속에 있다.

우리의 행복은 우리 속에 있는 것이 아니라 다른 사람 속에 있다. 남편의 행복은 아내에게 있고, 아내의 행복은 남편에게 있다. 아내가 행복해야 남편이 행복할 수 있고, 남편이 행복해야 아내가 행복할 수 있는 것이다. 자녀들과의 관계도 마찬가지다. 부모의 행복은 자녀에게 있고, 자녀의 행복은 부모에게 있다. 서로에게 행복의 책임을 지고 있는 관계가 바로 '가족'인 것이다.

아름다운 가정을 지키기 위해서는 먼저 이웃을 축복하는 삶을 살아야 한다. 하나님은 아브라함에게 "너는 복의 근원이 될지라"고 축복하셨다. 이 말씀은 복을 받은 후 그 복을 다른 사람들에게 나누어 주기 위하여 힘쓰라는 뜻이다. 주는 자가 복이 있고, 섬기는 자가 복이 있다. 나 때문에 나의 부모가 축복을 받고, 가족과 형제들이 복을 받으며, 섬기는 교회가 복을 받아야 한다. 이것이 하나님의 축복 가운데 서는 비결이다.

우리 교회에서는 가족 단위의 섬김의 행사로 사순절 기간에 '세족식'을 권하고 있다(사순절은 초대교회 그리스도께서 우리의 죄를 대신 지시고 십자가에서 흘리신 피와 찢기신 일을 기념하여, 주님이 겪은 수난에 동참한다는 의미로 금식을 행하던 것으로부터 유래되었다).

사순절 기간에는 온 가족이 함께 모여 식사를 하고, 식사 후 주님이 그렇게 하셨던 것처럼 남편은 아내의 발을, 아내는 남편의 발을, 부모는 자녀의 발을, 자녀는 부모의 발을 씻겨 주면서 섬김의 본을 보여주신 예수님의 모습을 묵상할 수 있다. 그리고 닮아갈 수 있다. 고난의 금요일에는 가족이 함께 한 끼 금식을 하고, 한 끼 3천 원 기준으로 드려지는 금식 헌금은 이웃 돕기에 사용하도록 했다. 서로의 발을 씻기고, 함께 금식하는 시간을 통해 하나됨을 이루며, 그 열매로 이웃을 돌아보는 시간을 갖는다면 그 어떤 때보다 의미 있는 시간이 될 것이다.

"목사님 저기 좀 보세요!"

흥분된 목소리로 나를 부르는 꼬마 성도님의 손짓에 교회 운동장 대니홀Danny Hall-시애틀형제교회 김두욱 집사님의 귀한 헌신으로 세워진 곳으로 야외 음악당과 체육시설을 갖추고 있어 아이들에겐 더없이 좋은 공간이다을 바라보았다. 어느새 빼곡히 만국기가 매달려 있다. 어린이 주일을 맞아 교회학교 교사들이 모여 '운동회'를 준비하고 있었다.

매년 어린이날이 있는 주일을 '어린이 주일'로 지킨다. 대부분의 교회들과 마찬가지로 우리 교회에서도 어린 아이들을 위한 행사 준비에 한창이다. 교회가 어린이 주일을 지키는 것은 단순히 그 날 하루만 어린이를 즐겁게 해 주자는 뜻에서 머물러서는 안 된다. 어린이 주일은 '어린이를 대하는 어른들의 마음을 새롭게 하는 날'이 되어야 한다.

우리 교회는 현재 아이들만 550명 정도 출석을 한다. 이 산 속에 500명이 넘는 아이들이 온다고 하면 다 놀란다. 우리 교회의 첫 번째 사명이 '젊은이들을 키우는 공동체'인 만큼 어린이들을 행복하게 키워내는 것이 중요하다. 3,200석의 야외 음악당과 체육시설은 아이들이 마음껏 꿈꿀 수 있도록 만든 것이다. 어른들은 천막 아래 앉아 밥을 먹을지언정 아이들에게는 최고의 것을 주고자 하는 것이 우리 교회의 마인드다.

초등부 아이들이 예배드리는 공간은 '큰나무홀'이라 부른다. 앞으로 큰 나무로 성장하라는 의미에서다. 아이들이 큰 나무로 자라나서 세상의 큰 나무로 자라도록 교회는 눈물과 기도로 지원하겠다는 뜻이다. 중고등부는 '소나무홀'이라고 했다. 질풍노도의 시기에 흔들리지 않고 푸르고 곧게 자라나길 바라는 마음에서다. 성령님과 동행하는 청소년기 학생들이 사시사철 푸르른 소나무처럼 곧게 자라나길 바라는 마음을 담았다.

우리 교회가 모든 사역 중 가장 중심에 두고 중요하게 생각하는 것이 바로 어린이 사역이다. 성경을 통해 보는 '어린이를 대하는 예수님의 태도'는 제자들의 모습과 확연이 구분된다. 제자들은 어린아이들을 '귀찮게' 여겼으나, 예수님은 그런 제자들을 책망하셨고, 아이들을 향하여 "내게 오라"고 말씀하셨다. 아이들은 책망의 대상이 아니다. 어린이들의 장래는 어른들에게 어떻게 용납되느냐에 따라 달라진다.

예수님은 '어린 아이들을 영접하는 것이 곧 자신을 영접하는 것'이라고 말씀하셨다. 유대 어머니들은 동네에 유명한 랍비가 오면 어린이들을 데리고 가서 "복을 빌어주세요"라고 청한다.

이것이 그들의 교육 방법이다.

예수님도 어린 아이들을 축복하셨다. 아이들은 축복을 받으며 자라야 한다. 무시와 비난과 조롱을 당해서는 안 된다. 어린이는 어른들의 소유가 아니다. 어른이 아이를 힘으로 다스릴 수 없으며 인격적으로 대해야 한다. 어른의 의견이 중요하듯, 아이들의 의견도 중요하다.

감정도 충분히 존중받아야 한다. 아이들이 이해가 되지 않는다고 투덜거리지 말자. 너무나도 당연한 것이다. 아이들이 어른들과 똑같은 기준으로 행동한다면 더 이상 아이가 아닐 것이다.

아이들에게 필요한 것은 재판장이 아니다. 아이들에게 가슴을 열고 정말 하나님과 같은 마음으로 품고 영접해줄 양육자가 필요하다. 우리는 아이들을 하나님의 말씀으로 잘 양육하여 '하나님을 기쁘시게, 사람들을 행복하게, 세상을 아름답게' 하는 축복의 근원이 될 수 있도록 키워야 할 거룩한 사명과 책임을 맡은 자들이다.

아이들의 마음에 상처를 주지 말고 인격적으로 대하자. 인생에 있어 가장 중요한 영향을 미치는 상처들이 아이들이 양육되는 과정 가운데 발생한다. 어린이는 결코 부담의 대상이 아니다. 오히려 혜택을 받고 있는 사람은 바로 우리들이며 배워야 할 사람 또한 어른들이다. 우리 아이들을 가장 따뜻한 마음으로 영접하자.

이것이 어린이 주일에 사랑하는 자녀들에게 줄 수 있는 가장 큰 선물이다. 우리 아이들이 복의 근원자가 되기를 축복한다.

"김포전원교회 담임목사님과 꼭 좀 통화하고 싶습니다!"

'강화도 실버 케어스' 책임자로부터 전화가 걸려왔다. 요양원측에서는 우리 교회 청년들의 '진심어린 봉사'에 감동했다며 칭찬을 아끼지 않았다.

"방학이면 '자원봉사 확인서'가 필요한 많은 학생들이 다녀갑니다. 그런데 김포전원교회 청년들의 섬기는 모습에서 요즘 젊은이들에게서는 찾아볼 수 없는 '정성'이 있었습니다. 연로하신 어르신들을 인근 사우나에 모시고 가서 목욕을 시켜 드리고, 거동이 힘든 분들은 시설에서 더운 물로 목욕을 시켜드리는 청년들이 불평이나 싫은 내색도 하지 않더군요. 시설 곳곳을 깔끔하게 청소하고 외로운 노인들에게 말동무도 되어주고, 너무 예의 있고, 단정해서 목사님께 감사 인사를 드리려고 전화를 드렸습니다."

요양원 책임자에게 '요즘 정말 보기 드문 너무 귀한 청년들이니 목사님께서 칭찬을 많이 해 주시라'는 당부까지 듣고 나니 우리 아이들이 너무 대견하고 고마워서 견딜 수가 없었다.

"자녀들아 너희 부모를 주 안에서 공경하라 이것이 옳으니라"

를 늘 상 강조해왔지만 이런 외침들이 아름다운 열매의 메아리가 되어 돌아오는 것을 보니 감격의 눈물이 왈칵 솟는다. 우리 교회 청년들은 매년 이렇게 봉사활동을 통해 '섬김'을 배워가고 있다.

목회자로서 교회 안의 모든 부서에 애정을 갖고 기대함을 갖고 있지만 특히 청년부는 생각만 해도 감사와 감격이 있다. 청년부를 향해 강조하는 메시지는 언제나 동일하다. 그것은 바로 '비전vision'에 관한 것이다. 나는 늘 청년들에게 '겨울을 이겨낸 봄처럼 파릇파릇 꿈꾸는 젊은이가 되라'는 도전을 잊지 않는다. 청년들이 예배하는 곳을 '상수리홀'이라 이름지었다. 상수리 나무 아래에서 아브라함이 꿈을 꾸고 환상을 본 것처럼 이들 역시 청년기에 하나님의 뜻을 이루기 위해 거룩한 꿈을 꾸라는 의미에서다.

'청년의 때'는 인생의 방향을 결정짓는 가장 중요한 때이다. 이때에 자신의 부족함에 집중하는 것이 아니라 하나님께 초점을 맞추고 전진하는 젊은이에게는 미래가 있다. 기회는 언제나 도전하는 사람에게 주어지는 것이다. 출발하기 위해선 잊을 것은 과감하게 잊어야 한다. 형통한 축복을 위한 첫 번째 법칙은 '망각'이다.

물론 잊지 말아야 할 것도 있다. 그러나 털어버릴 것은 훌훌 털어버릴 줄도 알아야 한다. 젊은이들이 잊어야 할 것은 과거의 쓴 기억과 상처들이다. 섭섭한 것, 억울한 것 그리고 실수와 실패 등이다. 이러한 것들에 계속 사로잡혀 있으면 한치 앞도 내다볼 수 없고, 몸과 정신은 병들고 망가진다.

어떤 사람이든 생각의 높이 이상 뛰어 오를 수 없다. 모든 일은 생각의 크기만큼 이루어진다. 절대 긍정적인 믿음과 신념으로 담대하게 도전하자. 도전하지 아니하면 기회는 없다. 나는 우리 김포전원교회 청년들이 섬김의 겸손함과 꿈꾸는 추진력을 겸비한 행복한 젊은이들이 되기를 바라고 기대한다. 봄이면 어김없이 교회 입구에 내 걸리는 글귀처럼,

"청년들이여, 봄처럼 꿈을 가지라. 봄처럼 부지런 하라. 봄처럼 새로워져라!"

우리가 서로의
그늘이 되어준다면

"우리에겐 서로가 필요하다. 하나님이 그렇게 만드셨다. 더불어, 함께, 나누어야 한다. 서로 섬기는 최고의 장소는 교회다. 교회가 세워진 목적은 사랑과 섬김을 통해 영생 삶을 보여 주고, 사람들로 하여금 영생을 얻게 하고, 또한 그것을 더 풍성히 누리는 법을 전해 주는 데 있다. 사랑과 섬김이다. 세워주고 격려하자. 진정한 행복은 남을 섬기는 것이다Real Happiness is Serving Others!"

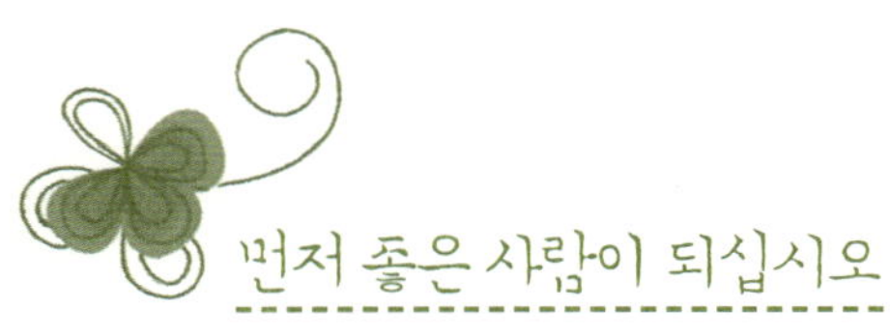

먼저 좋은 사람이 되십시오

"먼저 좋은 사람이 되십시오. 인간적이고 정감 있는 사람이 되십시오. 예수의 보혈을 덧입은 신자가 되십시오. 그리고 나서 직분자가 되십시오. 그래야 더 짙은 그리스도의 향기를 뿜을 수 있습니다."

목사든 성도이든, 직분자가 되기 전에 먼저 '좋은 사람'이 되기 위한 노력을 해야 한다. '좋은 사람'은 하루아침에 만들어지지 않는다. 매일 노력해야 하고, 어쩌면 죽는 날까지 그 노력을 쉬지 않아야 할 것이다. 성도들은 자신이 출석하는 교회의 목사가 '좋은 사람'이길 원한다. 목사도 마찬가지다. 나의 양들이 포근한 마음을 지닌 성도이기를 원한다.

좋은 사람이 되는 노력을 하는 사람이 직분자가 되었을 때, 그 교회는 행복한 교회가 된다. 굵직한 직분을 이름 뒤에 달고서도 눈살을 찌푸리게 하는 행동을 서슴지 않는 크리스천들이 있다. 직분의 무게가 더해갈수록, 더 많은 섬김과 노력이 몸에 밴 사람이 주위를 행복하게 한다.

세상에서는 권력을 가질수록, 존경받는 자리에 갈수록 '가까이 하기에 너무 먼 당신'이 되어버리지만, 교회에서는 그 반대

목사님, 교회가 너무 행복해요!

가 되어야 한다. 집사, 권사, 안수집사, 장로, 목사의 직분을 받으며 점점 목이 곧아진다면, 분명 무언가 잘못된 것이다. 직분 자일수록 더 많이 섬기고, 더 많이 엎드릴 줄 알아야 한다.

예수님은 "내가 주릴 때에 너희가 먹을 것을 주었고 목마를 때에 마시게 하였고 나그네 되었을 때에 영접하였고 헐벗었을 때에 옷을 입혔고 병들었을 때에 돌보았고 옥에 갇혔을 때에 와서 보았느니라"(마 25:35~36)라고 말씀하시며 "너희가 여기 내 형제 중에 지극히 작은 자 하나에게 한 것이 곧 내게 한 것이니라"(마 25:40)고 하셨다.

이런 모습이 예수님이 바라시는 우리의 모습이 아닐까. 우리 교회에서는 개척때부터 하루 한 가지씩 좋은 일을 하는 '일일일선一日一善 운동'을 펼치고 있다. 지금 내 곁에 있는 나의 이웃에게 친절한 말 한마디를 건네 보는 것, 그리고 내 전화가 필요한 사람, 내 위로가 필요한 사람, 내 도움이 필요한 사람, 내 작은 친절이 필요한 사람이 누군지 돌아보는 인격을 갖추는 것, 그것이 우리의 신앙에 향기를 더해줄 것이다.

나는 목회자를 구할 때 신문과 인터넷에 이런 광고를 낸다.

"어디 이런 사람 없습니까?"

1) 고정관념 팍팍 깰 줄 아는 사람

2) 똑똑 튀는 아이디어를 가진 사람

3) 마라톤(10km이상)을 완주할 수 있는 사람

4) 뜨거운 열정과 따뜻한 정감이 있는 사람

5) 미치도록 행복을 노래하고 싶은 사람

'이 이야기는 내 이야기다' 싶은 사람은 직분과 교파, 나이에 상관없이 지금 즉시 김포전원교회로 지원하십시오.

많은 이들에게서 연락이 왔다. 모두들 처음 보는 '아주 특이한 청빙'이라고 입을 모았다. "후계자를 찾습니다." 이 문구는 세계 두 번째 갑부인 버크셔해서웨이사의 워런 에드워드 버핏 Warren Edward Buffett, 76 회장이 그의 뒤를 이어 383억 달러(약 36조 원)의 현금을 운용할 후계자를 찾을 때 냈던 구인광고다. 버핏은 1956년 100달러로 투자를 시작해, 현재 60여 개 회사(총자

목사님, 교회가 너무 행복해요!

산 248억 달러)를 거느린 전설적인 투자가이다. 한국 최고의 갑부인 삼성의 이건희 회장의 재산이 2~3조라는 걸 생각하면 실로 어마어마하다. 이번에 버핏이 밝힌 조건은 네 가지다

  1) 독립적인 사고방식을 갖춘 사람
  2) 위기를 인식하고 피해갈 수 있는 능력을 지닌 사람
  3) 감정적으로 안정돼 있는 사람
  4) 인간과 기관의 행동에 대해 예민한 통찰력을 갖춘 사람

미국의 독립선언문을 기초하고, 제 3대 대통령이었던 토마스 제퍼슨도 미국을 위해 일할 사람으로 3가지 조건을 제시했다.

  1) 그 사람은 정직한가?
  2) 그 사람은 일을 하고 싶어 하는가?
  3) 그 사람은 충실한가?

'일꾼'을 뽑는 목적은 각기 다르지만 그 기준에서 공통되는 점은 믿을 수 있고, 비전이 있고, 책임을 질 수 있는 사람을 요구한다는 것이다. 이 말은 한 마디로 '일을 맡길 수 있는 인격

자'가 되어야 한다는 것이다. 나는 목사고 성도고 '따뜻한 인간미'가 있어야 한다고 생각한다. 경건은 모양이 아니라 능력이다.

나는 위에 제시한 5가지 사항에 맞는 6명의 목사님들과 함께 행복하게 성도들을 섬기고 있다. 그리고 '김포전원교회의 목회자'들은 '진정한 행복은 남을 섬기는 것Real Happiness is Serving Others'이라는 공통된 마인드로 성도들을 마주한다. 섬김 속에 행복이 있다. 그리고 행복 속에 섬김이 있다.

우리 교회는 시애틀 형제교회(권 준 목사), 캘리포니아 하나로 커뮤니티교회(강일용 목사), 부산 세계로교회(손현보 목사), 포항 성동교회(김상현 목사), 대전 하늘정원교회(정영호 목사), 라스베가스 장로교회(정공필 목사), 서귀포중앙교회(유성암 목사)와 자매 결연을 맺어 아름다운 형제애를 나누고 있다. 목회자들이 서로 방문하여 집회를 인도하기도 하고, 교인들이 방문하기도 한다.

부산의 세계로교회는 부산 녹산공단 근처(구/김해녹산)에 위치한 55년 된 교회이다. 전형적인 어촌마을이었던 이 교회는 불과 14년 전만 해도 교인이라곤 고작 20명 뿐이었다. 그런데 지금은 3,000명이 넘는 교회로 크게 성장하여 주목받고 있다.

한 해에 815여 명이 세례를 받는 보기 드문 사도행전 적 역사가 일어났고, 특별히 500여 명에게 무료 개안 수술을 지원하는 등 지역과 복음화를 위해 영향력을 행사하고 있는 전도중심의 교회다.

나는 2006년 첫 안식일을 시애틀형제교회에서 보냈다. 시애틀형제교회와 권준 목사를 생각하면 늘 고맙다. 시애틀형제교회는 시애틀뿐만 아니라 미국 전체 한인들의 꿈과 희망인 참 건강하고 멋진 교회다. 권준 목사는 기성교회도 변하고 성장할 수 있다는 새로운 모델을 제시했다. 시애틀형제교회는 3,000명이 출석하는 초대형 교회로 현재 미국 내 한인교회에서 최고의 성장을 이룬 교회가 되었다.

권준 목사는 2007년 4월 이 교회의 성장 과정을 담은《우리 교회, 이보다 더 좋을 수 있다(두란노)》라는 책을 발간하여 베스트셀러에 이름을 올렸다. 이처럼 '자매결연'된 교회들과 함께 사역할 수 있는 것은 참 감사하고 행복한 일이다.

함께 손잡은 교회들과는 팀을 이루어 같은 지역으로 선교를 가기도 하고, MLC_{Ministry Leadership Club} 목회자 리더십클럽을 통해 교제하기도 한다. 서로의 모습을 통해 배우고 닮아갈 수 있음이 큰 축복임을 고백한다.

형제가 연합하여 동거同居함이 어찌 그리 선하고 아름다운고...(시133:1)

목사님, 교회가 너무 행복해요!

여기는
김포전원교회입니다

‘머물러 있는 복음’은 더 이상 ‘살아있는 복음’이 아니다. 교회도 마찬가지다. 나눔과 섬김에 관심이 없고 “여기가 좋사오니” 하며 안주하는 교회는 더 이상 살아있는 교회가 아니다. 진정 행복한 교회는 ‘우리끼리만’ 좋은 교회가 아니라 복음을 전하는 교회요, 부흥을 꿈꾸는 교회다. 복음이 흘러가는 가지들이 되어 보라. 그 끝에 맺힐 아름다운 하늘의 열매를 꿈꾸어 보라.

네 말이 내 귀에 들린 대로 내가 너희에게 행하리라! (민14:28)

주일 오후, 대니홀Danny Hall에서 어린 아이들이 삼삼오오 공놀이를 하며 즐겁게 노는 모습이 보였다. 그때 한 무리가 나를 발견하고는 신이 나서 뛰어왔다.

"목사님! 장로부부 모임은 언제 하나요?"

우리 교회 아이들만이 할 수 있는 질문이다. 모임에 있어 딱딱한 형식의 틀을 세워놓지 않는 우리 교회에서는 일반 교회들에서 흔히 '당회'라고 부르는 모임을 간소화하여 '장로부부 모임'을 갖는다. 현재 우리 교회에는 27분의 장로님들이 나와 함께 사역을 하고 있다. 어린 아이들이 장로부부 모임에 관심을 갖는 것도 그럴만한 이유가 있다.

장로부부 모임에는 자녀들도 함께 참석하는데, 젊은 장로들의 어린 아이들은 그 모임의 '꽃'이라고 할 수 있다. 함께 모여 식사를 나누고, 즐거운 분위기 가운데 교회의 중요한 사안들을 나누는데, 어린아이들에게 그 날은 맛있는 음식도 실컷 먹고 용돈도 받을 수 있는 절호의 기회이기 때문이다.

"하하하, 우리 예비 장로님들이 장로부부 모임이 기다려지는 모양이네요"

"네!"

아이들의 해맑은 미소는 목회의 맛을 더해준다. 우리 교회는 제직회나 그 흔한 '남, 여선교회' 같은 조직도 없다. 그저 또래가 모여 교제하는 친구 모임이나, 지역별 셀 모임, 취미별 동아리 모임(족구, 농구, 축구, MTB, 테니스, 배드민턴, 골프, 등산, 색소폰, 바이올린) 등이 있을 뿐이다. 이러한 모임들에서 가장 중요한 것은 함께 모여 '밥을 해먹는 것'이다. 식사를 나누는 가운데 사랑이 자라고 그 사랑의 분위기 안에서 은혜를 나누다보면 교회가 나아가야 할 방향은 자연스레 인도가 되는 듯하다.

어떤 모임이든 '가족'이 함께하는 것에 우선순위가 있다. 그 누구도 교회안의 모임에서 "아이들은 집에 두고 오세요"라고 말하는 이가 없다. 어떤 직분의 모임이든 '부부'가 함께 모이고, 자연스레 자녀들도 함께하는 가운데 진정한 '하나됨'과 '성도의 교제'가 가능케 되기 때문이다.

우리 교회는 장로, 권사를 무기명 투표로 뽑지 않는다. 자격 조건(나이, 세례)과 기본적인 기준을 사전에 제시하면 그 기준에 따라 본인이 자원해야 한다. 추천서도 받는데 아내와 자녀, 부모, 형제들의 추천이 필요하다. 이렇게 후보가 정해지만 20~30명의 '리더십추천위원회'를 세워 2개월 동안 예배와 교제, 전도와 양육, 헌금과 충성도, 사회생활과 가정생활 등을 일일이 체크하여 피택한다.

자원하는 리더십, 가족과 함께하는 리더십이 우리 교회가 지향하는 리더십이다.

앞치마 입은 남자 성도들

"최 집사, 고무장갑 어디 있지?"

"김 집사, 주방 세제 못 봤어?"

주일날 점심 무렵, 식당에서 들려오는 남자 성도들의 대화다. 굵직한 음성으로 세제 거품이 많이 난다느니, 앞치마가 작아졌다느니 '아줌마스러운(?)' 대화를 주고받는 우리 교회의 식당 풍경은 '여자가 행복한 주일'을 만들고자 하는 우리 교회만의 색깔을 드러내준다.

토요일이면 당번을 정해 다음날 교회의 점심식사의 메뉴들을 준비하는 것은 여자 분들의 몫이고, 주일이 되면 카페에 앉아 우아하게 커피 한 잔의 여유를 즐기는 것도 여자 분들의 몫이다. 주일 점심, 배식이며 설거지, 식당 정리의 모든 것은 남자들의 몫이다.

"여자 성도님들은 주일 예배 후에 우아하게 카페에 앉아 커피를 마시며 편안히 쉬십시오!" 하고 배려했더니, 역시나 그녀들은 지혜롭게 쉼 속에서 새로운 사역을 시작했다.

그것은 다름 아닌 '아나바다' 장터다. 철 지나거나 작아져 못 입는 옷들, 사용하지 않는 가방들 등 갖가지 물건들을 모아

143

교회 마당 한쪽에서 작은 가게를 열었는데, 그 위력은 놀라웠다. 얼마 전에는 커피 한 잔의 여유와 천 원짜리 한 장으로 즐기는 알뜰한 나눔 속에서 1년 동안 1,200만 원의 건축헌금을 마련하기도 했다.

농산물직거래알뜰장터도 매주 열리는데 이곳에선 시골 부모님들이 직접 키우신 유기농 농산물들을 싼 가격으로 살 수 있다. 이 수익금으로 매월 40~50만 원 정도의 건축헌금이 마련되고 있다.

'아나바다 표' 의상으로 곱게 차려입은 성도들의 모습이 아름답다. 김포전원교회표 명품 '아나바다' 브랜드의 가치를 알아주는 이들이 있으니, 나눔의 기쁨 또한 더 커지는 것 같다. 주일 오후, 아나바다 장터에서 소중한 나눔의 열매를 맺어가는 성도들의 모습과 식당에서 앞치마를 입고 고무장갑을 낀 남자 성도님들을 마주할 때면 절로 입가에 미소가 번진다.

"오늘도 행복한 주일을 가꾸어가는 김포전원교회 모든 가족들, 사랑합니다!"

목사님, 교회가 너무 행복해요!

예배의 감격이 춤추는 교회

처음 이 땅에 교회의 초석을 세울 때, 아침저녁으로 정해진 시간에 맞춰 드리는 예배. 그리고 성가대의 찬양과 광고, 수없이 늘어선 회의들, 성도들의 귀에 달은 설교 말씀으로 채워진 '형식적인 주일의 모습'은 접어놓았다. '기본과 균형은 갖추되 열정과 감격이 있는 예배'가 우리 교회가 꿈꾸는 예배다.

우리가 가장 먼저 회복해야 할 '열정'은 '예배에 대한 열정'이다. 신앙생활에서 제일 중요한 것은 예배다. 예배를 떠난 신앙생활은 있을 수 없다. 예배는 교회의 심장과 같다. 심장이 힘차게 박동해야 온몸에 피가 돌아가고 몸이 건강할 수 있다. 우리에게 중요한 것은 어떤 직분이나 사역이 아니라 예배다.

예배의 감동을 회복해야 개인과 가정이 회복되고, 직장과 사업, 그리고 범사가 회복될 수 있다. 변화의 원동력은 '예배'다. 예배가 회복되지 않은 상태에서의 사역은 무의미하다. 그것은 다른 사람을 살릴 수 없을 뿐 아니라 오히려 상처를 줄 수 있기 때문이다. 결국 상처 입은 사람이 상처를 주게 된다. 특히 사역자들은 먼저 상처를 치유하고, 예배를 회복한 후 사역에 임해야 한다.

우리 교회는 주일 예배를 '경배와 찬양'으로 연다. 예배의 앞부분을 '곡조 있는 기도'인 찬양으로 시작하며 마음을 새롭게 한다. 모두들 자리에서 일어나 두 손을 높이 들고 열정적으로 찬양한다. 충분히 마음을 열고 목소리를 높여 찬양을 하는 동안 성도들은 성령의 임재를 경험하고 자연스레 회개와 감사, 찬양의 고백들을 쏟아놓게 된다.

설교자로 단상에 서는 목사는 마이크 앞에 서서 부동자세로 말씀을 전하는 것이 아니라, 자연스럽게 자리를 이동하기도 하고, 최대한 성도들과 가까이서 말씀을 나누기 위해 노력한다. 귀에 울리는 설교가 아닌 가슴을 울리는 설교가 되기 위한 노력들이다.

이런 이야기를 들어본 적이 있다.

'주일 예배를 드리는 당신의 모습. 당신은 한 주간 동안 그 수준 이상의 삶을 살 수 없습니다.'

맞는 말이다. 하나님 앞에 진정으로 예배하는 시간, 그 시간 온 맘과 정성을 다해 하나님 앞에 서는 사람. 예배의 감격에 빠질 수 있는 사람. 그 사람이 예배의 감격의 연장선상에서 세상을 이기며 살아갈 수 있지 않겠는가.

목사님, 교회가 너무 행복해요!

"목사님, 광고 시간에 은혜 받아 보기는 처음입니다!"

우리 교회에 방문하여 예배를 드리게 된 한 집사님의 이야기다.

"보통 교회들은 새가족이 되는 성도들에게 꽃 한 송이와 수료증을 주고 박수를 보내주는 게 대부분인데 이 교회는 천국잔치가 따로 없네요!"

성도 한 사람이 새가족 교육을 마치고 정식으로 교회의 구성원이 되는 시간. 우리 교회에서는 새가족이 속한 셀의 모든 사람들과 친구들, 그리고 인도자와 리더들이 단상에 올라와 꽃다발과 선물을 전하고 허깅하며 축하의 마음을 전한다. 우르르 단상으로 줄지어 올라가서 각자가 준비한 선물과 꽃다발들을 전하고 여기저기서 휘파람을 불며 함께 행복해하는 모습을 보고 그렇게 이야기한 것 같다.

'형식적인'이라는 말을 잊게 하는 주일예배이기를 원한다. 찬양을 하고 말씀을 전하는 시간조차, 식상한 멘트로 일관하는 예배가 아니길 기도한다. 천국의 기쁨을 나누는 예배, 하나님의 임재하심이 충만한 예배, 광고시간조차도 감격의 노래가 있는 예배. 이것이 진정 하나님이 원하시는 예배가 아닐까.

함께 신앙 생활하는 성도들 간에 반드시 진정한 사랑이 있어야 한다. 마음을 다해 위로를 나누는 교회, 서로를 향해 미소를 잃지 않는 교회, 서로를 위해 중보기도 하는 교회, 서로를 위해 시간과 물질을 나누는 교회, 그리고 무엇보다도 새로운 가족들을 전심으로 환영하는 교회. 이것이 우리가 꿈꾸는 김포전원교회의 행복한 모습이다.

11장

이제는
행복이다!

토요일 오후, 주차장 가득 즐비하게 늘어선 차들이 오늘도 교회를 찾은 전원가족들의 얼굴 같다. 이른 아침부터 저녁이 되도록 진행된 강의에도 지친 기색 없이 즐거운 얼굴로 인사를 나누는 우리 가족들… 카페로 걸어 나오다 만난 A집사에게 주머니에서 사탕 하나를 꺼내 건네주었다. 씨익 웃으며 사탕을 받아든 A집사가 손을 흔들며 집으로 돌아간다.

언제 봐도 따뜻하고 반가운 사람들, 함께하면 행복한 사람들, 바로 우리 김포전원교회 가족들이다. 규칙이나 법규가 아닌 '관계'를 중시하는 서로의 모습 속에 하나님이 허락하신 아름다운 열매를 본다. 교회는 가족이다. 삶을 나누고, 진리를 나누며 행복을 나누는 가족이다. 언제 들어도 따뜻한 그 이름, '가족' 말이다.

"1997년 12월 21일,

차가운 골바람이 세차게 불던 가현산 골짜기.

보는 이도, 함께하는 이도 없었지만 하늘의 하나님은 보셨습니다.

맑은 눈물 하나면 족하리라는 어린 생각 하나 갖고 개척을 시작했는데,

감사합니다. 주님!

벌써 10년이 되었습니다.

무장을 한 군인들이 교회 앞마당에

철조망을 가로 질러놓고 출입을 통제하던 3개월,

유치부 아이들의 저금통까지 깨서 예쁘게 건축했던 교육관을 우리 손으로 철거하던 날.

아픈 마음 끌어안고 하얀 밤을 밝히며 주저앉아 있을 때,

주님은 제 손을 잡아 주셨습니다.

주님이 하신 10년.

주님이 하실 10년.

주님은 아시지요?

미치도록 부르고 싶은 우리들의 행복 노래를..."

2008년 5월 25일, 교회시작 10주년을 맞는 주일 아침에 적어둔 글이다. 때때로 처음 그 마음이 그리운 날이면 다시 읽어보곤 한다. 10주년을 맞던 감격을 품고 또 몇 해를 보냈다. 교회가 성장하며 예배의 공간이 부족해지고, 조금 더 넓은 공간을 필요로 하며 건축을 위해 기도할 때마다 황무지에 첫 삽을 들던 날을 잊지 않는다.

'건물을 위한 교회'는 우리가 지향하는 바가 아니다. 비와 바람, 더위와 추위를 피해 우리가 한 마음으로 모일 수 있는 공간이면 족하다. 내가 꿈꾸는 교회는 아이들이 좋아하는 교회다. 아이들이 깔깔거리며 마음껏 뛰놀고, 행복해 하는 모습을 보고 싶다. 예쁜 도서관도 만들어 아이들이 책에 푹 빠져 일곱 색깔 무지개 꿈을 꾸는 모습도 보고 싶다.

또 불신자들이 좋아하는 교회였으면 좋겠다. 거부 반응 전혀 없이 편안하게 가족들과 함께 소풍 와서 즐길 수 있는, 교회 같지 않은 교회를 만들고 싶다. 마지막으로, 우리 교인들이 좋아하는 교회였으면 좋겠다. 교회 오면 좋고, 집에 가면 또 오고 싶고, 생각만 해도 참 좋고 가슴이 벅찬, 그런 행복한 교회를 만들고 싶다.

비닐하우스라도 좋고, 천막을 쳐도 좋다. 가장 싸고, 허름하더라도 아름다운 교회면 된다. 우리 교인들이 기쁨으로 예배드리면서 행복해 할 수 있다면, 나는 기쁨에 뜨거운 눈물을 흘릴 것이다.

나는 우리 김포전원교회가 하늘을 향해 열린교회, 세상을 향해 열린교회, 미래를 향해 열린교회가 되기를 간절히 소망한다.

목사님, 교회가 너무 행복해요!

건축은 기쁨입니다

주일 저녁, 반바지에 편안한 티셔츠 차림으로 식당에 들어서는 장로님들. 우리교회의 회의 풍경이다. 우선 맛있게 먹고, 둥그렇게 둘러앉아 나누어야 할 이야기들을 자유롭게 나누는 모습이 여느 집 가족모임 같다. 오늘의 화두는 '성전 건축'에 대한 것이다. 성도수가 늘며 주일 본 예배를 드리는 장소가 협소해 2,000여 명의 전교인을 수용할 수 있는 이층짜리 예배당을 지어 완공을 앞두고 있다.

자원하여 건축위원장과 총무를 맡은 이진성, 이윤녕 장로님이 진행 사항을 나눌 땐 둘러앉은 이들이 함께 기뻐하며 격려한다. 우리의 회의에는 '분열'이란 없다. 무엇이든 욕심을 내지 않으면 다툴 일이 없다. 두 '이' 장로님이 발품을 팔고, 원창연, 이우행, 한영복, 이상철 집사님의 헌식적인 섬김으로 많은 비용을 줄일 수 있었다.

건축과정을 나누는 자리에서는 날마다 기적 같은 간증들이 쏟아진다. 어린아이들이 저금통을 털어 마련한 건축 헌금 이야기에 코끝이 찡해진다. 교회를 건축하면서 교인들을 힘들게 하고, 무리한 예산으로 막대한 빚을 내고 마치 교인들을 행주 짜

듯 마구 조르고, 다그치면서까지 꼭 해야 할 필요가 있을까?

이 곳에 화려한 예배당을 짓고 최고급 대리석을 깔고 파이프 오르간을 들여놓는 것은 짚신을 신고 양복을 입은 격일 것이다. 우리 교회는 우리에게 가장 잘 어울리는 모습이어야 한다. 조립식 패널panel로 지은 우리 교회에 와 본 사람들은 입을 모아 '교회가 참 아름답고 좋다'고 말한다.

대충 지어놓은 창고 같은 건물 여섯 채와 천막으로 지은 건물 두 채, 그리고 컨테이너 박스 등이 들어서 있을 뿐인데 우리 교회를 아름답다 하는 이유가 무엇일까. 그 비밀은 바로 아름다운 자연에 있다. 하나님이 직접 만드신 아름다운 하늘과 나무들, 새들의 소리가 있기에 가능한 것이다.

지금 우리의 모습처럼 때로는 조금 부족한 것이 더 아름답다.

목사님, 교회가 너무 행복해요!

우리 전원 가족들이 전도하겠다고 아주 자연스레 작정한 숫자가 어느 날 188,735명을 기록했다. 다들 간도 크고, 꿈도 야무지다. 한편 재미있기도 하다. 웬만한 도시의 인구와 맞먹는 숫자를 전도하겠다고 작정해놓은 우리 전원교회 가족들. 외진 산골짜기에서 전도의 큰 꿈과 사명을 갖고 있는 우리 교인들이 참으로 자랑스럽고 고맙다.

네 입을 크게 열라 내가 채우리라 (시 81:10)

우리가 꿈을 꾸면 하나님은 이루신다. 오늘도 나는 우리 전원가족들과 함께 꿈을 꿀 수 있어 너무 행복하다.

얼마 전 인천시 교육감 후보였고, 지금은 인천시 장로성가대 단장이신 최진성 장로님과 군 작전지휘관 출신인 최동엽 장로님의 지휘 하에 '부흥 2010 전투 편성표'를 만들었다. 나는 참모총장이 되었고, 작전 사령관과 특전사령관, 근무지원 사령관과 참모들은 장로들이 맡았다. 각 사령부별로 사단장도 있고, 대대장도 있고, 특공부대와 군악대, 공병대, 경리대, 통신대,

급양대, 정훈대, 의장대, 헌병대, 수송대와 대변인실까지 갖춘 우리의 '부흥 군대'는 막강한 군사력을 자랑한다.

특별히 청년대대부터 유아대대까지의 전력은 순수한 열정으로 무장하여 김포시는 물론 수도권의 변화를 주도하고 있다. 부흥을 꿈꾸는 우리는 이것이 우리만의 행복이길 원하지 않는다. 고인 물이 아닌, 마른땅을 적셔주는 흐르는 물이길 원한다.

교인들이 좋아하는 교회는 이젠 더 이상 매력이 없다. 진정 좋은 교회는 불신자가 좋아하는 교회여야 하고, 아이들이 좋아하는 교회여야 한다. 그리고 마지막으로 교인들이 좋아하는 교회가 되어야 한다. 불신자가 넘기 수월한 문턱을 가진 교회, 아이들의 마음에 행복을 주는 교회, 그리고 성도들의 마음에 고향같은 교회가 우리가 꿈꾸는 교회다.

행복의 띠를 두르고 이웃을 향해 나아가는 우리의 행복한 발걸음은 산골짜기부터 흐르는 복음의 시내가 될 것이다. 행복의 소문이 입에서 입으로, 마음에서 마음으로 퍼져갈 때 부흥의 소식이 자연스레 우리를 찾아올 거라 믿는다. 소문에 귀를 기울여 보라.

"그곳에 가면 행복이 있다!"

목사님, 교회가 너무 행복해요!

꿈이 있어 행복한 사람

올해 초에 도서관에서 공부를 하던 큰 아이에게서 전화가
왔다.

"아빠, 우리 교회가 어느 교단이에요?"

아니, 명색이 담임목사 큰 딸이 교단을 모른다! 20대 중반인
큰딸 밝음이가 내게 던진 질문이다.

"아빠가 고신대학원 나왔잖아."

"고신은 어느 교단이지요? 그럼, 우리 교회는 침례교에요?
감리교에요? 아니면 장로교에요?"

자랑스런 우리 딸 밝음이가 교단도 모른다. 어이가 없기도
했지만 갑작스레 그게 왜 궁금해졌는지 나 또한 궁금해졌다.
밝음이의 말인즉, 뉴욕에서 유학중인 둘째 맑음이가 전화가 와

서 묻더란다.

"언니, 우리 아빠가 목사님이라고 하니까 사람들이 교단을 묻더라. 잘 몰라서 대답을 제대로 못했어."

그런데 첫째 녀석도 제대로 몰라 답을 못했단다. '아니, 그런 것도 몰랐단 말인가?' 놀란 것도 잠시, 오히려 자랑스러운 마음이 들었다. 한반도 작은 땅덩이가 남북으로 갈라지고, 그것도 모자라서 정치꾼들에 의해 영호남이, 충청도 강원도까지 찢어지고, 계층과 세대가 갈라진 정말 가슴 아픈 현실에 하나 되어야 할 교회마저도 정치꾼들에 의해 사분오열 되어 만날 으르렁거리고 있으니 이 어찌 통탄할 일이 아닌가?

하나님 한분을 믿으면서도 수십 수백 가지의 교단으로 나뉘어 서로를 정죄하는 일이 흔한 이 시대에 우리 아이들이 교단조차 몰라 자신도 모르게 정죄하고 판단하는 죄를 짓지 않은 것에 감사했다. 하나님을 제대로 믿는 법보다 교단을 분류하고 판단하는 것을 가르치는 일이 얼마나 흔한가.

나는 이 산에 올라와 남모를 눈물을 흘리며 몇 가지 결심을 한 게 있다.

첫째, 교단 정치(총회는 구경이라도 가지 않고)에는 일절 나서

목사님, 교회가 너무 행복해요!

지 않겠다.

둘째, 아비의 마음으로 목회하겠다.

셋째, 부흥회나 각종 세미나 인도 시 사례비를 받지 않겠다.

넷째, 하루라도 전도를 하지 않으면 밥을 먹지 않고 설교도
하지 않겠다.

이 것은 지금까지 지켜왔고, 앞으로도 지켜갈 약속들이다.
소신 앞에 당당해야 한다. 그리고 본질은 지키되 비 본질에서
는 자유해야 한다. 우리는 일상에서도, 관계에서도, 심지어는
교회 안에서도 비본질적인 문제에 마음을 두는 실수를 범한다.
김포전원교회는 '본질'에만 충실한 교회이길 원한다.

관계에 있어, 서로를 향한 '사랑' 하나에만 충실하기 원하고,
예배에 있어 '하나님'께만 집중하기 원한다. 그리고 우리 교회
를 바라볼 때 '행복' 하나만 생각하기 원한다. 행복한 관계, 행
복한 예배가 있는 곳, 고정관념과 율법, 권위주의적인 무거운
옷을 벗어던지고 오직 진리 안에서 자유하며 행복한 신앙생활
을 멋지게 하는 교회, 이것이 오늘도 우리가 꿈꾸고 새롭게 만
들어가야 할 '김포전원교회'다.

우리 모두 하나 되어 주님의 기쁘신 꿈과 목적을 따라 살기

를 소망한다. 우리 인생의 소풍이 끝나는 그날까지, 박애활칙
진정행복博愛活則眞情幸福! 남을 섬기는 것이 진정한 행복임을 아
는 김포전원인으로 우짜든지 행복하게!!

2010.10. 김명균 목사

목사님, 교회가 너무 행복해요!

김포전원교회 가족이어서 행복합니다

"목사님, 교회가 너무 좋아요"

_전중명 집사

담임 목사님의 책이 곧 발간된다는 소식을 듣고 평신도인 내가 추천의 글을 써 보면 어떨까 생각해 보았다. 다행히 목사님은 명쾌히 응해 주셨다. 보통 책의 가치를 높이기 위해 유명한 분들의 글을 싣기 마련인데 오히려 평신도가 쓴 글을 더 소중히 여기시는 목사님의 모습에 감동이 되었다.

키가 훌쩍 크신 목사님을 처음 만났던 날이 생각난다. 편안한 복장의 목사님을 뵙고 '내가 잘못 봤나' 하는 생각이 들었었다. 김명군 목사님은 내가 평소 생각했던 '목사님'과는 사뭇 달랐다. 동네 꼬마들과 잘 놀아 주는 마음씨 좋으신 동네 아저씨 같기도 하고, 진 웹스터의 소설 '키다리 아저씨'처럼 보이지 않는 곳에서 선행을 하시는 그런 분처럼 느껴졌다.

김포전원교회 성도가 되어 설교를 들으면서 이런 목사님의 이미지는 한층 더 굳어졌다. 나는 우리 목사님을 이 세상에서 최고로 인간적인, 그리고 인간미가 넘치는 분이라고 생각한다. 그리고 이런 목사님을 누구에게라도 자랑하고 싶은 마음이다.

목사님 방의 문턱은 보이지 않을 만큼 낮다. 어느 누구도 사전 약속 없이 누구의 제제를 받지 않고 그 문을 열 수 있다. 유치부 꼬맹이 교인들도 교회 내 어디에서라도 목사님을 만나면 달려가 그 팔에 안긴다.

목사님은 예배가 끝난 오후 시간에 성경스쿨 학생들의 수업을 위해 목사님 방을 내어주신다. 그리고 마당 한쪽에서 농구를 하고 있는 학생들에게 다가가 스스럼없이 함께 어울리는 분이시다. 곧 증축을 앞둔 예배당을 조립식 건물로 짓고 계신 목사님은 순전히 교인들의 경제적 부담을 줄이기 위해 그런 결정을 하셨다.

정말로 무엇이 교인을 위하고 교인들을 행복하게 해 줄 수 있는지 아시는 목사님이시다. 게다가 목사님은 그 허름한 건물을 계획하시면서도 혹시라도 돈이 많이 들면 어쩌나, 교인들이 부담스러워 하면 어쩌나 노심초사 하신다. 이 얼마나 인간적인 배려인가?

나는 우리 목사님에게서 늘 인간적인 정을 느낀다. 사회에서 교회 건축헌금이라는 단어에 노이로제가 되어 갈등과 고민을 안고 신앙생활을 하는 교인들을 참으로 많이 보아 왔다. 우리 김포전원교회의 교인들은 또 한 번 행복한 믿음의 자녀들이란 생각을 해 본다.

우리 목사님의 매력을 한 가지 더 꼽고 싶다. 나는 세상을 살아오면서, 흔히 말하는 저명인사에 해당하는 분들이 겉으로는 덕망을 많이 쌓은 것처럼 보이지만, 속으로는 형편없는 결론적으로 겉 다르고 속 다른 경우를 참 많이 보아 왔다. 혼탁해진 이 사회의 등불이 되어야 할 우리 기독교가 요즘 제 역할을 잘 해내지 못하고 있다.

물론 훌륭한 목사님도 많이 계시지만 안타깝게도 혼탁한 사회의 방식을 그대로 베껴 쓰는 듯한 인상을 지울 수가 없어 마음이 참 많이 공허하다. 반면에 우리 목사님은 하나님의 말씀대로, 하나님의 방식대로 목회를 하시는 분이라고 생각한다. 십여 년 전에 혼탁한 도심을 떠나 아무도 살지 않는 이 산골짜기에 지금의 교회를 짓고 한 영혼이라도 좋으니 목회를 하게 해 달라고 기도 드렸고, 그 교회는 조립식 패널panel로 지어졌다.

나는 이 조립식 건물에서 드리는 예배가 참으로 편안하다. 대리석으로 또는 고급자재로 지어진 건물에서의 예배는 무언가 부족한 나의 예배 자세를 포장하는 것 같고, 이렇게 겸손하고 허름한 교회에서 드리는 예배는 지극히 진솔해 보이기 때문이다. 겉모습에 치중하지 않고 예배의 본질에만 모든 것을 집중하는 우리 목사님의 철학에 나는 옷깃을 더 여미게 되고 마음을 보다 더 경건하게 가질 수 있게 된다.

병들어 고통 받고 있는 교인들을 위해, 십자가에서 예수님을 핍박하던 군중들을 향해 피눈물의 기도를 드린 예수님처럼 절규의 기도를 드리는 목사님의 모습을 볼 때면 키가 크시고 마른 그 이미지는 아마도 예수님과 많이 비슷할 것 이라는 생각을 해 본다. 오늘도 설교 시간에 군에 입대하는 한 청년을 불러내어 군생활의 안전과 건강을 기도해 주며 가슴으로 끌어안고 축복해 주시는 목사님의 모습을 보고 진정 아비의 모습이 어떠한 것인지 또 한 번 느낀다.

세상의 것들을 추구하지 않고, 타협하지 않고, 거짓말 하지 않고, 스스로를 절대 높이지 않고, 우리 교인들을 끔찍이도 사랑하시는 우리 목사님을 바라보며 우리 교인들은 오늘도 행복한 마음으로 교회로 발걸음을 향하고 있다.

7년 만에 받은 세례

_김성 집사

회사가 지점이 전국에 흩어져 있다 보니 정기적으로 인사이동이 있고, 때로는 이사를 해야 하는 경우도 생긴다. 낯선 곳으로 이사 가서 적응하기 어려운 것 중의 하나가 교회를 선정하는 것이다. 물론 대한민국에서 흔하디 흔한(?) 것이 교회이고 밤에 높은 곳에서 바라보면 보통 십자가가 보이는 것도 사실이다.

'이 수 많은 아파트 중에서 왜 내 집은 없느냐'는 말이 있듯이 '이 수 많은 교회 중에서 내가 갈 교회는 어디에 있느냐' 라고 중얼 거린 적도 있다. 나의 교회 생활의 시작은 어떻게 보면 내 의지는 아니었던 것 같다. 할아버지, 할머니 때부터 기독교 신자 였으니 '기독교인'이 되는 것은 어쩌면 자연스러운 일이었다.

어린시절엔 직업 군인이셨던 아버지를 따라 부대 내 교회를 갔었고 기독교 학교를 다니며 신앙의 명맥을 이어왔다. 결혼 후에는 불교 집안에서 자란 아내가 오히려 나보다 더 신앙에 적극적이었다. 이사를 가면 아내가 먼저 이 교회, 저 교회를 다녀본 후에 맘에 드는 교회가 있으면 나와 상의를 한 후 그 교회를 함께 다니곤 했었다.

강원도 춘천을 거쳐 김포에 터를 잡은 지 일 년여 만에 하루는 아내가 "산 속에 희한한 교회가 있는데 한 번 가보자"고 했다.

어느 일요일 날, 집에서 이십 여 분 떨어진 어떤 산으로 데리고 갔다. 거기에는 아담하고 예쁘장하게 생긴 흰색 건물이 보이고 앞에는 넓은 마당이 있었다. 외국의 그림에서나 보던 그런 장면이었다. 입으로는 "예쁘네!" 하면서도 또 다른 한편으로는 '이거, 이상한(?) 사이비 교회 아니야?' 라는 생각이 번득 들었다.

그러면서 머릿속에는 단체로 농사짓고 신도들이 집단 생활하는 텔레비전에서 보던 요상한 그림들이 그려졌다. 일단 예배나 드리자는 아내의 말에 이끌려 이층 예배당으로 들어섰다. 그 곳에는 정말 시골의 아름다운 교회 전경이 있었다. 결혼 전

가끔 다니던 서울의 대형 교회에서는 결코 느껴보지 못할 풍경
이 나를 사로잡았다.

앞에선 키 크고 약간 마르신 목사님이 설교를 하고 계셨다.
어떻게 보면 깐깐해 보이면서도 또 어리어리(?) 해 보이는 약
간 종잡을 수 없는 첫인상의 목사님. 그렇게 담임 목사님과 첫
대면을 가졌고, 그 후 몇 번 교회를 탐색차(?) 방문하였다.

"우짜든지 행복하게……"

"살아계신 부모님을 섬기지 못하는 사람이 어떻게 보이지
않는 하나님을 섬기겠느냐?"

"한 영혼을 위하여 목숨을 바치겠다…"

영혼을 울리는 목사님의 말씀들은 평소 다른 교회에서 들어
보지 못한 내용이다. 그리고 그 신선함이 내 마음을 이끌었다.
교회에 등록을 하라니 말라니 말도 없고, 특별히 교회에 얽매이
지 않게 배려해 주신 점이 나와 코드가 맞았다. 몇 개월 후에 스
스로 등록을 하면서 "교회는 여기저기 많이 다녔지만 아직 세
례는 받지 않았다"고 말했다. 등록을 담당하셨던 집사님은 "기
회가 되면 받으시지요…"라며 가볍고 편안하게 화답해 주셨다.

목사님, 교회가 너무 행복해요!

김포전원교회를 다닌 지 몇 년이 지나는 동안 나는 나대로 아내는 아내대로 교회에서 조그마한 봉사(?)를 했다. 나름대로 우리는 하나님을 느끼면서 행복한 삶을 이어왔다. 담임 목사님이 늘 말씀하시는 '우짜든지 행복하게'는 '인생의 목적은 행복'이라는 나의 생각과 맞아 떨어졌다.

참 좋은 분들과의 교제와 만남 속에 교회는 생활의 일부가 되었고, 매주 교회가는 산길은 계절의 변화를 몸으로 느낄 수 있는 하나님의 또 다른 선물이었다. 이제는 피를 나눈 형제보다 더 친해진 부목사님들과 연례 행사처럼 나눴던 대화가 있었다.

"이제 그만 세례 받으시지요!"

"하나님 말씀대로 살 자신이 아직은 없네요."

"세례 받고 시작하면 됩니다. 다들 그렇게 합니다."

"그래도 약속하고 어기느니 차라리 약속하지 않는 게 낫지 않을까요?"

나의 대답은 늘 같았다. 이렇게 말도 안 되는 나의 어거지 속에 7년이 흘렀다. 담임 목사님은 "내비둬라. 지들이 언젠가는 세례 받겠다고 스스로 찾아 오겠제!!"하시며 강요하지 않으셨다. 그러던 2009년 8월 어느 주일. 나는 담임 목사님을 찾아가서 말씀드렸다.

"목사님, 저 다음 달에 세례 받겠습니다. 다음달 9월 13일 주일날 세례를 받을 수 있겠습니까??"

"물론이지, 내가 순종해야지..."

목사님은 무척 반가워하시며 내 손을 꼭 잡으셨다. 9월 13일. 그 날은 아내의 46번째 생일이었다. 흔하지 않게 생일과 주일이 겹치는 날이었고, 아내가 육적으로 태어난 날 그렇게도 소망하던 영적인 탄생을 나도 함께하고 싶었다.

이것은 내가 고민 고민해서 생각한 것이 아니고 어느 순간 갑자기 머리를 스친 것으로 봐서, 많은 분들과 아내의 오랜 기도로 하나님께서 응답을 주신 것이 아닌가 싶다. 그 날의 담임 목사님 말씀은 지금도 기억에 생생하다.

"안수집사나 장로 안수를 받을 사람이 이제야 세례를 받으러 나왔네요!"

올해 성인이 된 큰 딸과 함께 세례를 받는 순간, 아내의 눈에서는 눈물이 폭포수처럼 흘렀고 나는 눈물을 속으로 삼키고 있었다. 그동안 세례를 받지 않은 나도 대단하지만 스스로 찾아오기를 7년을 묵묵히 기다려주신 담임 목사님은 더 대단하신 것 같다.

목사님, 교회가 너무 행복해요!

항상 지켜봐 주며 때로는 가슴 아파하시고 수시로 눈시울을 적시는 마음 약한 우리 목사님과 그런 목사님의 빈틈을 채워주시는 사모님은 하늘이 내린 이 땅의 목회자 부부 그 자체가 아닌가 한다. 수많은 어려움 속에서도 '하늘 하나 바라보고 산다'는 사모님의 말씀과, '우리가 꿈을 꾸면 하나님께서 이루어 주신다'는 목사님의 말씀 속에서 또 다른 도약을 내딛는 김포전원교회는 우리가 초심을 버리지 않는 한 '우짜든지 행복한 교회'로서 이 땅의 피곤하고 지친 영혼들에게 그루터기와 같은 쉼터가 될 것으로 확신한다.

행복의 노래를 부르고 싶다면, 김포전원교회로 오십시오!

_최동엽 장로

김명군 목사님은 하나님을 향한 꿈과 목적, 생각과 행동이 보통 사람과는 확실히 다른 분이다. 한국교회의 율법과 습관, 고정관념의 틀을 과감히 깨고 1997년 IMF 때에 길도 민가도 없는 김포 가현산 골짜기에 김포전원교회를 개척한 목사님. 우리 아버지 같은 목사님은 생각만 해도 참 좋은 분이시다.

한 영혼의 소중함을 알고, 성도들의 눈물을 닦아주는 손수건 같은 목사님을 우리는 '울보 목사님'이라고 부르곤 한다. 성경의 진리 안에서 참 자유를 누리며 행복을 노래하길 원하는 우리 성도들은 소풍가는 마음으로 늘 교회를 찾는다.

도대체 무슨 사연들이 있기에 이 깊은 산속으로 수많은 사람들이 찾아올까?

시대를 앞서가는 김포전원교회를 향한 하나님의 꿈과 목적은 무엇일까?

성도들이 이처럼 밝고 행복하게 신앙생활을 하는 원동력은 어디서 나올까?

많은 사람들이 궁금해 한다. 생각만 해도 참 좋은 목사님과 전원속의 아름다움이 바로 그 답이다. 날마다 행복 가운데 하나님을 향한 꿈을 꾸며 21세기 한국과 북한 세계열방을 향한 부흥의 주역이 되기를 원하는 우리 김포전원교회로 인해 나는 오늘도 행복의 노래를 부른다.

천국 갈 때까지 함께하고픈, 아버지 같은 우리 목사님

_노희련 권사

"목사님! 이 사탕 드세요. 제가 아껴둔 거예요!"

유치부 예배를 마친 아이들이 담임 목사님을 발견하고 재빨리 달려가 안긴다. 키다리 아저씨 소설 속에서 막 걸어 나오신 듯한 우리 목사님은 인자한 미소로 허리를 굽혀 아이들의 눈높이를 맞추고 귀를 기울여 아이들과 대화를 주고 받는다.

꼬깃꼬깃 주머니 속에서 꺼낸 천 원짜리 한 장을 목사님 손에 꼭 쥐어주며 "용돈 하세요!" 하고 웃는 아이들. 그 순수한 사랑과 정성이 목사님의 마음에 닿는 것을 볼 때면 나도 모르게 눈시울이 붉어진다.

우리 목사님은 그런 분이시다. 아버지 같은 사랑과 마음, 언어를 가지신 우리 목사님은 어린 아이들이 가까이 다가갈 수 있을 만큼 편안하고 사랑이 많으시다. 지나가는 아이들을 절대로 그냥 지나치는 법이 없고, 일일이 아이들의 머리를 쓰다듬고 어깨를 두드려주신다.

모든 성도들 한 사람 한 사람을 주인공으로 바라보시는 분. 그런 목사님의 따뜻한 사랑이 있기에 우리 김포전원교회 곳곳에는 행복이 배어있다. 어르신들을 대할 때면 허리를 90도로 굽혀 정중한 사랑으로 대할 줄 아는 목사님의 모습에서 영혼을 향한 사랑을 본다. 누구와 마주하더라도 머리가 아닌 가슴으로 대화하시는 그 마음은 볼 때마다 깊은 감동을 준다.

시린 바람이 불어오던 초겨울 어느 날, 바지를 무릎까지 걷고 찬 물에 손을 담근 채 수돗가를 청소하시던 목사님의 모습을 잊을 수가 없다. 누구도 하기 싫은 그 일을 묵묵히 감당해내시는 욕심도 없고 형식적인 폼도 잡지 않으시는 우리 목사님.

"목사님, 목사님은 제게 아버지이십니다.
한 영혼을 향한 목사님의 사랑에
늘 가슴이 저린 감동을 느낍니다.
천국 갈 때까지 함께하고픈 우리 목사님.
어른들보다 아이들에게 우선순위를 두고

177

그 순수함에 눈을 맞춰주시는 목사님.

감사합니다. 사랑합니다.

그리고, 목사님을 만난 우리는

진정 행복한 성도들입니다!"

목사님, 교회가 너무 행복해요!

기적의 현장에서

_추대성 피택장로

인터넷에서 찾아본 김포전원교회는 꼭 가보고 싶은 교회의 모습이었다. 꽃이 피고 새가 우는 전원에 있는 그림 같은 하얀 교회. '소풍처럼 행복하게'라는 컨셉도 무척 마음에 들었다. 이삿짐을 내리기가 무섭게 교회로 향했다. 초행길이라 헤맬 거란 예상은 했지만 어렵사리 찾은 초입도 주변이 온통 신도시 공사장이라 어수선 하기 이를 대 없었다.

깊게 패인 울퉁불퉁한 길을 중장비 소음과 덤프트럭의 먼지 속을 헤집고 산 밑에 다다랐다. '이 부근인가?' 주변을 둘러보니 안내 표지는 산 쪽을 가리킨다. 다시금 꼬불꼬불 가파른 산길을 휘돌아 오르니 갑자기 군부대 정문이 나온다.

'일단 정지'라는 표지판은 위험 지역을 알리는 경고처럼 보였다.

"여보, 이건 아닌 것 같아요. 우리 집으로 돌아가요!"

아내의 말을 뒤로하고 부대를 끼고 산속으로 이어진 길을 따라 천천히 오르기 시작했다. '이런 곳에 누가 기도원도 아니고 교회를 세웠을까?' 드디어 정문 울타리도 없는 교회 마당에 들어섰다.

하얗고도 소박하게 드문드문 자리 잡은 건물들이 편안하게 시야에 펼쳐졌다. 그 순간 나는 하나님이 우리의 기도를 들어주셨음을 확신했다. 그날 이후 우리 가족은 등록하여 교인이 되었고, 12년 전 길도 동네도 없는 이곳에서 오직 하나님 한분만 의지하며 교회를 개척하신 과정은 기적의 역사, 바로 그 자체였음을 듣고 큰 은혜와 감동을 받게 되었다.

김포전원교회에서는 지금도 그 기적이 계속되고 있다. 살아 있는 역사의 현장이 고스란히 담긴 이 책을 통해 많은 이들의 삶이 변화되기를 기도한다.

목사님, 교회가 너무 행복해요!

목사님의 두 팔을 보았습니다

김태호 피택장로

"주의 친절한 팔에 안기세 우리 맘이 평안하리니

항상 기쁘고 복이 되겠네 영원하신 팔에 안기세

주의 팔에 그 크신 팔에 안기세

주의 팔에 영원하신 팔에 안기세"

찬송가 405장을 부르던 중 주님이 제 인생에 허락하셨던 수 없이 많은 '친절한 팔'을 기억해보았습니다. 그때 강대상에서 두 손 들고 찬양을 부르시는 김명군 목사님의 두 팔이 제 눈에 들어왔습니다. '어머니'라는 말 한마디에도 목이 메이고 눈물 흘리며, 어머니를 그리워하시는 목사님.

유난히 예쁜 주황색 머리 끈을 왼손 손목에 매고 계시는 목사님. 그 머리끈의 사연을 모를 때는 팔찌의 역할을 하는 액세서리 정도로만 생각했습니다. 그런데 그 머리끈에는 깊은 사연이 있었습니다. 그것은 돌아가신 목사님의 어머니께서 병상에서 마지막까지 머리를 묶으셨던 유품이었습니다.

'어머니와의 이별이 얼마나 애달프셨으면 저 머리끈과 함께 어머니 평생의 향취를 간직하고 싶어 하실까' 생각하니 가슴이 뭉클해집니다. 저는 그 머리끈을 볼 때마다 평생 아낌없이 주는 나무가 되어 주시는 부모님을 생각합니다. 언젠가 저도 이 사랑하는 분들과 헤어지는 시간들이 오겠지요. 아! 생각만 해도 눈물이 납니다.

어머니를 깊이 사랑하시는 목사님의 두 팔을 보며 저희 부모님에 대한 생각과 마음과 말들과 행동이 깊어지고 그 사랑이 더욱 성숙해져 감을 고백합니다. 목사님! 고맙습니다.

젊은이를 키우는 공동체를 꿈꾸시는 목사님의 두 팔은 매우 바쁩니다. 목사님은 교회에서 지나가는 학생들 한 사람 한 사람 놓치지 않고 머리를 쓰다듬어 주시고 꿈과 비전을 이야기하면서 격려의 악수도 잊지 않으십니다. 새벽 예배에 나온 학생들 머리 위에 손을 얹고 많은 축복 보따리를 풀기도 하십니다.

"너는 잘 될 거야"라는 믿음의 확신을 주시면서 그 큰 팔로

목사님, 교회가 너무 행복해요!

꼭 안아 주기도 하십니다. 중고등부를 섬기는 교사로서 목사님의 그 바쁜 두 팔을 볼 때마다 우리 김포전원교회에서 목사님의 꿈이 담긴 팔 안에서 자라는 학생들의 미래가 기대되고 기다려집니다.

어르신들을 대하는 목사님의 모습을 보면 저절로 고개가 숙여집니다. 목사님은 어르신들을 만나면 90도로 깍듯이 인사하시고 부모님을 대하듯 다정하시고 자상하십니다. 목사님 팬인 할머니 권사님의 주름진 두 손을 오래도록 꼭 잡아 주십니다. 그리고 하나님의 은혜와 사랑이 권사님의 삶 가운데 넘치시길 간절히 기도하십니다.

어르신들을 향한 목사님의 그 따뜻한 미소의 향기를 글로 다 표현할 수 없음이 아쉽습니다. 비록 목사님의 친절한 팔을 다 설명할 수 없지만 그 영향력이 제 삶을 바꾸어 가고 있음을 매일 느끼고 있습니다.

목사님! 목사님의 그 섬기는 현장 가운데, 김포전원교회 향기가 그리스도의 향기로 퍼져나가고 있음을 아시죠? 우리 김명군 목사님은 그 친절한 팔을 가지시고 오늘도 섬김의 자리로 찾아 가십니다. 그 섬김의 이야기들을 오늘 이 책을 통해서 만날 수 있을 것이라고 생각하니 벌써 설렘이 밀려옵니다. 오랜

만에 느껴지는 이 설렘을 많은 분들과 함께 하며 소풍처럼 행
복한 시간을 보내고 싶습니다.

목사님, 교회가 너무 행복해요!

내가 본
김명군 목사님

_이광기 목사(김포전원교회)

김명군 목사님은 세 여인들에게 꼼짝 못하는 분이십니다. 첫 번째 여인은 어머니입니다. '어머니'란 말만 나오면 벌써 눈물이 그렁그렁, 목이 메어 말을 잇지 못하십니다. 두 번째 여인은 아내입니다. 항상 '아내 덕에 사는 남자'라고 입버릇처럼 말씀하시는 우리 목사님은 공처가 수준을 넘어 경처가가 되신지 오래입니다. 또한 목사님은 항상 여성 우월주의를 부르짖으시기 때문에 교회의 남성 동지들한테 핀잔을 들으시기 일쑤입니다. 교회를 옮기겠다는 공갈 협박을 받으면서도 그 뜻을 절대로 굽히지 않는 분이십니다. 세 번째 여인은 두 딸들입니다. 목사님은 딸들을 무척 사랑하십니다.

김명군 목사님은 조립식 건물 짓는 데 일가견이 있는 분입니다. 지금도 새 성전을 조립식으로 짓고 있습니다. 목사님이 성도들한테 부담 줄까봐 대리석으로 성전건축을 하지 않는다는 것을 우리는 압니다. 이런 마음을 알기에 교회는 참 아름답고 예쁘게 지어 질 것입니다. 그러면 틀림없이 "아내와 성도들이 다 했다"고 말씀하시겠지요.

김명군 목사님은 여름날에 수채화와 같이 투명하고 담백하며 싱그럽고, 향긋한 고향의 풀냄새가 나는 분입니다. 그래서 그런지 모든 성도들이 다 좋아합니다. 그분이 상대하는 층은 어린 유치부들부터 80이 넘으신 어르신네들 까지 각계각층의 남녀노소 모두 다입니다.

김명군 목사님은 감투 쓰고 폼 잡는 것을 참 싫어하십니다. 자리를 차지하려고 마음만 먹는다면 대여섯 자리는 문제없이 명함에 새겨 넣을 수 있는 분인데, 자신과의 약속이 있다며, 성도들을 행복하게 섬기는 데 지장이 있다며 단호하게 자리를 거절하시는 분입니다.

김명군 목사님은 우리의 영적아비입니다. '아비' 하면 가족의 생계를 책임지는 무거운 어깨, 어려운 역경을 이겨왔음을 나타내는 이마의 주름살, 낡고 허름한 양복과 구두가 생각나지요. 이 모든 것이 우리 목사님의 모습니다.

김명군 목사님이 잘 부르시는 찬송가는 750장(?)(만남)과 760장(?)(하루를 살아도 행복할 수 있다면)이다. '인생은 만남, 만남에서 행복도 불행도 온다'고 명쾌하게 말씀하십니다. 좋은 목사, 좋은 교회 만나는 것은 복중의 복입니다. 그렇다면 나는 복중의 복을 받은 사람입니다. 정말로 좋은 목사님, 좋은 교회를 만났기 때문입니다.

저는 한 번에 딱 목사님을 만난 것이 아니고 돌고 돌아 이 자리에 서게 되었습니다. 지금도 김명군 목사님을 처음 만나던 날이 눈에 선합니다. 캐주얼 차림의 키가 큰 분이 명찰을 목에 걸고 사람들하고 다정하게 인사를 나누고 있었습니다. 그래서 '그냥 교회에서 봉사하는 분이구나' 생각했지요. 그런데 그분이 바로 김명군 목사님 이었습니다.

식당에서 멀찍이 뵌 적이 있습니다. 식판에 밥과 반찬을 직접 담고 이리저리 빈자리를 찾고 계셨습니다. 그런데 성도들 중에 누구하나 일어나는 사람이 없었습니다. 그저 즐겁게 식사하면서 인사를 할 뿐입니다. 목사님도 편안하게 인사를 나누면서 그저 빈자리를 찾아 헤매고 계셨습니다.

자리를 양보하지 않는 성도들 얼굴에서 미안함을 찾아볼 수 없었고, 목사님 또한 노여움을 타거나 불편한 얼굴이 아니라

187

아름다운 미소와 함께 그저 고개를 연신 끄덕이면서 인사말을 건네시는 편안한 얼굴이었습니다. 그들 사이에는 보이지는 않지만 진한 믿음과 신뢰감, 정감, 말로 표현할 수 없는 그 무엇인가가 서로 교차하고 있었습니다. 참 보기 좋은 장면이었습니다.

그 후로 나는 '내가 본 김명군 목사님'을 자랑하고 다닙니다. "나의 담임 목사님은 이런 분이다"라고요. 바람이 있다면 목사님이 내내 건강하시고 오랜 시간 우리와 계속 행복을 노래했으면 좋겠습니다. 요즘 들어 참 찾아보기 드문 목사님이십니다. 빙그레 웃는 얼굴만 생각해도 피시식하고 웃음을 자아내는 산소 같은 분이니까요.

장래가 촉망 되었던 한 젊은 정치학도가 군대에서 예수님을 만나고 뒤집어져서 이 땅에서의 부귀영화를 포기하고 신학교에 가서 목사가 되었습니다. 그리고 12년 전 IMF가 났을 때, 길도 집도 없는 외진 산속에 믿음의 곡괭이 하나 달랑 메고 한 영혼을 위해 목숨을 걸겠다는 믿음 하나로 지인들의 만류에도 불구하고 가족과 헤어져 홀로 천막을 치고 개척을 시작하였습니다.

12년이 지난 지금 천막으로 시작하였던 교회가 1,200명이

목사님, 교회가 너무 행복해요!

모이는 교회가 되었고, 한국교회의 새로운 패러다임을 열어가고 있습니다. 12년 동안 목사님은 하나님과 동행하며 많이 울고, 웃고, 아파하고, 힘들어 하면서 하나님의 역사를 직접 체험할 수 있었습니다. 이 책에는 지난 12년 동안 목사님이 가슴에 고이 담아두었던 아름답고 행복하지만 가슴 시린 이야기들을 하나씩 펼쳐 보이고 있습니다.

오늘도 이 땅에서 삶의 고통가운데 있으면서 행복해지기를 소망하는 모든 사람들에게 이 책을 권합니다. 이 책을 읽다 보면 우리에게 향하신 하나님의 사랑을 느낄 수 있으며 어느 사이 가슴 가득히 뭉클함과 아름다움이 채워짐을 경험 할 수 있을 것입니다.

코스모스같은
우리 목사님

_김찬규, 양소희 집사

우리 목사님을 꽃으로 말한다면 코스모스라 말하고 싶습니다. 이름 있는 꽃들은 대개 전설이나 설화가 있게 마련이지만, 코스모스는 그렇지 못하다고 합니다. 하나님이 이 세상에서 제일 먼저 만든 꽃이라는 영광을 갖고 있기 때문에 모든 꽃의 시조始祖인 셈인 코스모스!

바람이 불때마다 살랑거리며 군무를 즐기는 모습이라 하여 순우리말로는 '살사리꽃' 이라 불리는 코스모스는 꽃이 평범하다보니 진정한 가치를 인정받기 어려워 별로 주목을 받지 못하지만, 일단 좋아하게 되면 아주 좋아하게 되는 꽃입니다.

한 번 피었던 자리에 어김없이 다시 피고, 가꾸는 이 없어도 절로 피는 꽃, 화려하거나 매혹적이지 않아 부잣집 앞마당에

필 리 만무하고, 혹할 만한 향기마저 없어 반색하는 이도 없는 꽃, 코스모스.

그러나 아무 곳에서나 살아내는 질긴 생명력과 큰바람에도 끄떡없이 견뎌 내는 삶을 사는 꽃. 순결한 사랑으로 일편단심을 노래하는 꽃. 내가 본 김명군 목사님은 바로 코스모스와 같은 분이십니다. 우리에게 처음(첫 마음 , 첫 사랑 , 첫 순정)을 가르치시고 어느 곳에서든지 어떤 상황에서든지 넘어지지 않는 열정과 하나님을 향한 오직 한마음만을 가지신 아름다운 분.

화려한 외모와 언변이 아닌 따뜻한 가슴으로 모든 이를 품어 주시는 한 번 빠지면 헤어 나올 수 없는 매력을 지니신 늘 변함없는 든든한 버팀목. 그것이 바로 우리가 보는 김명군 목사님입니다.

스승의 주일을
지나며 목사님께

_이정숙 집사

맑고 투명한 햇살이 폐부를 찌르고도 남을 만큼 싱그럽게 반짝거립니다. 일렁이는 바람 편에 실어 몇 자 적어 보내드립니다. 스승의 날을 즈음하여 여러 가지 생각들이 일어납니다. 이만큼 나를 키워주신 선생님들, 제가 키워낸 제자들, 지금의 아이들, 그리고 목사님.

목사님도 알고 계시죠? 나중에 하나님이 제일 예뻐하실 사람이 누구라는 것. 그리고 제일 벌주고 싶은 사람도... 그것은 사람들을 교육하는 사람이라죠. 그만큼 교육하는 자들의 영향력이 얼마나 큰지를 단적으로 보여주는 얘기인 것 같습니다. 그래서 가끔씩 그 생각을 하면 두려워진답니다.

목사님! 김용택 님의 '참 좋은 당신'은 제가 좋아하는 시들

중의 하나입니다. 붓으로 써서 집에서 늘 보고 있을 정도입니다. 응달지던 내 뒤란에 햇빛을 던져주신 하나님, 고마운 분들, 저 또한 아이들을 가르치면서 그들의 응달에 햇빛을 가만히 놓아두고자하는 마음으로 교단에 서 있습니다.

목사님께서는 저보다 먼저, 그리고 많이 환하고 따스한 햇살을 나눠주고 계시다는 것을 잊지 마세요. 세상에서 지치고 힘들 때, 마음이 상처로 얼룩져 가슴추운 사람들을 따스한 불가로 이끌어 가시는 분이란 걸 기억하세요. 학교에서 선생님이 계시듯 인생의 스승님은 목사님이란 사실을 잊지 마시길 바랍니다.

감동의 물결이 밀려와 두 눈이 젖으면서도 늘 환하게 웃으시는 모습이 얼마나 많은 사람들에게 위로가 되는지도 알고 계시기를 바랍니다. 때로 목석처럼 반응을 보이지 않고, 냉정한 성도들을 바라보시더라도 그 만큼 추운 사람들임을 어여삐 여겨 기다리시기를, 더디게 피워내는 한 송이 꽃이 더 아름다울 수도 있다는 것을.

'아, 생각만 해도 참 좋은 당신'

이런 당신이 있음을 늘 감사하게 생각하시고 늘 이런 당신이

되시길 간절히 기원합니다. 마음의 정성을 다해 이 시를 바칩
니다. 늘 건강하시고 행복하세요.

참 좋은 당신

김용택

어느 봄날

당신의 사랑으로

웅달지던 내 뒤란에

햇빛이 들이치는 기쁨을 나는 보았습니다

어둠 속에서 사랑의 불가로

나를 가만히 불러내신 당신은

어둠을 건너온 자만이 만들 수 있는

밝고 환한 빛으로 내 앞에 서서

들꽃처럼 깨끗하게 웃었지요

아,

생각만 해도

참 좋은 당신

목사님, 교회가 너무 행복해요!

우리 교회, 우리 목사님을
한마디로 소개합니다

1. 신창현 피택집사

❶ 세상에 하나뿐인 교회, 주일을 기다리게 하는 교회, 어머님의 자궁처럼 편안한 교회.

❷ 갈 길을 비춰주시는 인생의 등대 같은 분. 개그맨처럼 신도들을 웃으며 살 수 있게 해 주시는 분.

2. 백연홍 집사

❶ 아이들의 순수한 마음을 가진 사람들이 모인 산속 유치원(유치원은 아이들이 가장 행복해하는 곳이기에 비유함)

❷ 아! 생각만 해도 눈물나는 목사님.

3. 안태자 권사

❶ 길도 집도 없는 가현산 골짜기에서 김명군 목사님의 눈물의 기도로 세워진 교회.

❷ 열정을 다해 성도를 섬기며 행복한 신앙생활을 하게 해 주시는 분.

❸ 내 배만 살찌우는 콩나물이 아닌 많은 열매와 행복을 주는 콩나무가 되십시오.

목사님, 교회가 너무 행복해요!

4. 김경희 집사

❶ 소풍처럼 행복한 교회, 말씀과 찬양이 넘치는 교회.

❷ 주관과 꿈과 목적이 뚜렷하신 분. 날마다 기도하고 꿈과 목적을 향해 노력하는 성도들을 좋아하시는 분. 겉으로 뵙기엔 자유로워보여도 자기관리를 철저히 하시는 빈틈없는 분. 눈물이 많고 인정도 많으신 분! 목사님 사랑합니다·· 화이팅!!

❸ 10/06/12 ^^성공자는 먼저 기도하나 실패자는 기도를 마지막 수단으로 삼는다 행복한 만남을…김명군 ♪

5. 문복주 사모

❶ 주일날 온 식구가 예수님 만나러 소풍가야지! 김포전원교회로……~♡

❷ 새로운 변화를 두려워하지 않는 목사님, 춤추시는 목사님, 다름과 틀림을 구별하게 해 주시는 목사님.

❸ 인생의 비극은 우리 안에 있는 꿈과 열정이 죽는다는 데 있다. 하나님이 하십니다.

6. 정해곤 장로

❶ 하나님! 이 세계 온 열방이 주께 돌아오게 하소서! 능력의 말씀

이 있고 쉬지 않고 기도하는 교회

❷ 하나님의 목적을 이루기 위해 꿈과 열정과 사랑이 있는 목사님

❸ 그만두고 싶을 때 딱 한걸음만 더!

7. 최진성 장로

❶ 예배 중에 성령 하나님이 임재하심을 체험하는 간증이 있는 교회, 예배에 온 정성을 집중하는 교회, 목적이 이끄는 양육으로 부흥하는 교회.

❷ 형식과 율법과 권위를 다 내려놓고 한 영혼 한 영혼을 사랑하고 행복하게 해 주시는 분.

❸ 부모가 먼저 하나님의 꿈과 목적을 세워야.

10/07/28 ^^아휴~더워! 덥다고 춥다고 비온다고 학교 안 가면 선생님이 슬퍼하겠죠? 8시에만나요 ♡김명군

8. 정다혜(초등4년)

❶ 산과 어우러져 있어서 교회가 좋다. 장로님들과 목사님들이 좋다.

❷ 우리들을 잘 안아주신다. 항상 웃어주신다.

❸ 10/08/07 ^^요란한 매미 소리와 함께 산허리 안개 환상적인

목사님, 교회가 너무 행복해요!

전원 동산에서 당신을 맘껏 축복합니다 ♡김명군

9. 변형정 집사

❶ 마음의 쉼과 평안을 주는 행복한 말씀으로 충만한 교회.

❷ 아이들이 마음껏 뛰어놀며 꿈을 꾸며 어르신들을 섬기는 아름답고 따뜻한 교회.

❸ 10/08/18 꿈과 목적이 있는 사람은 아름답습니다. 20일 8시 목적이 있는 수련회가 당신을 기다립니다 ♡김명군

10. 박한나 집사

❶ 전원에 있는 김포 지상 낙원, 작은 천국입니다.

❷ 핸섬, 영육에 건강, 죽은 영을 살리는 인간적인 분.

❸ 부모 되기는 쉬워도 부모답기는 어렵습니다. 당신을 축복합니다. ♡김명군

11. 김명옥 권사

❶ 말씀과 기도 전도가 살아 숨 쉬는 역동적인 교회.

❷ 부지런하고, 정직하며, 성실하신, 하나님 마음에 합한, 아름답고 멋진 살인 미소로 행복을 전해 주시는 목사님.

❸ 행복은 선택입니다. 우짜든지 행복하십시오. ♡김명군

12. 조규황 집사

❶ 하나님이 주인이신 목회자와 모든 성도의 책임과 권리를 요구하는 교회.

❷ 신앙 생활의 위기를 극복하는 지혜를 가지시고 언행일치의 목사님.

13. 양소희 집사

❶ 비전이 있는 교회, 꿈과 목적이 있는 교회 = 행복을 전하는 교회

❷ 열정이 있는 분, 성도들에게 도전을 주시는 분, 먼저 움직이시는 분. 사실 한마디로 표현하기에는 너무 귀하신 목사님이십니다.

❸ 10/07/2 ^^체인지 업! 변화는 선택이 아니라 필수입니다. 당신은 하나님의 꿈! 변해야 삽니다. 김명군 ♪

14. 이금숙 집사

❶ 한 번 오면 내려가고 싶지 않은 교회. 마음이 푸근하고 참으로 따뜻하고 예수님과 함께임을 느끼는 곳.

❷ 예수님의 향기와 예수님의 모습이 보이는 목사님, 인자하신 목사님 짱!

15. 이정란 권사

❶ 주님의 임재를 늘 느끼게 하는 곳. 깊은 산속 오두막이나 있었을 것 같은 이곳에 김포전원교회를 세우시고 지금까지 성령님의 역사하심과 성도들 모두에게 향하신 주님의 크신 사랑을 보고 느끼면서 김포전원교회는 늘 주님의 영이 거하시는 곳이라고 믿습니다. 1년 전 이곳으로 우리 부부를 인도하신 주님의 사랑에 감사드립니다.

❷ 예수님의 인성을 가장 많이 닮으신 분. 유난히 어린 아이들과 청소년들을 사랑하시고 그들에게 꿈을 주십니다. 한 영혼을 귀히 여기시고 성도들의 기쁨과 슬픔을 함께 나누시며, 특히 성도들의 아픔에 민감하시고 영적 성장과 신앙회복, 영혼구원에 대한 열정이 대단하십니다. 주님이 기뻐하신다면 자신의 체면, 존귀, 명예는 기꺼이 내려놓으시는 분입니다.

❸ 10/08/01 ^^웃음 소리는 울음 소리보다 멀리 갑니다. 존경과 감사를 드립니다. 행복한 8월 첫날 김명군♪

(내 인생의 기록에서 꽤나 큰 글씨로 써 내려갔을 삶의 돌풍이 불던 때! 아주 힘들고 많이 지쳐 있는 제게 목사님은 늘 격려와 사랑으로 감싸주셨지요. 그날 주일 오후 상수리나무 그늘에서 장로 권사님들과 즐겁게 웃으며 이야기하는 모습을 멀리서 보

시고 살짝 문자를 보내주셨습니다. 내 마음의 울음을 환한 웃음으로 바꾸게 하셨습니다. 얼마나 행복했는지요.)

16. 왕철준 목사

❶ 어른들의 웃음이 사라지지 않는 교회.

❷ 웃는 자와 함께 웃고, 우는 자와 함께 우는 목사님.

❸ 큰 힘엔 큰 책임이 따릅니다.

17. 권병희 집사

❶ 노력하는 교회!

❷ 키다리 아저씨(동화 속) 든든한 거인 같은 분.

❸ 마지막에 웃는 자가 행복자입니다. 끝까지 파이팅!

18. 김병태 장로/남정림 집사

❶ 율법과 권위주의를 벗고, 진리 안에서 맘껏 자유할 수 있는 하나님이 디자인 하신 아주 멋진 교회.

❷ 개척 처음부터 지금까지 노사연의 '만남'을 찬송가보다 더 은혜스럽게 부르고, 설교 때마다 '어머니'를 이야기하며 우는 울보 목사님.

❸ 들국화가 아름다운 것은 거친 들판, 억센 들풀 사이에서 피어나기 때문이다.

19. 현종우 피택장로

❶ 가고 싶은 교회! 그곳에 가면 웃음과 행복 비타민을 섭취할 수 있습니다.

❷ 지친 자에게 꿈과 소망을 마음껏 부어주는 분, 열정의 비전 메이커.

❸ 사랑은 비를 타고 행복은 만남을 통해 이루어집니다. ♡김명군

20. 이재격 목사

❶ 아이들을 축복하며, 다음 세대를 키우는 교회.

❷ '모든 것은 내 잘못, 내 책임'이라고 말씀하시는 목사님.

❸ 절대 절망은 절대 희망을 낳습니다.

21. 신용우 피택집사

❶ 꿈과 이야기가 있는 교회

❷ 감성과 열정이 넘치는 목사님

22. 조성완집사

❶ 자연과 조화된 교회

❷ 자연과 조화된 목사님

23. 이영수집사

❶ 전원교회! 신실한 믿음의 사람들이 있는 교회, 교제가 있는 교회, 사람들이 좋은 교회

❷ 순수한 마음을 가지신 분, 눈물이 많으신 분, 하나님 앞에 맑은 영성으로 다가가시는 분.

❸ keep going~ 힘드십니까? 한발만 더 내딛으십시오!!!

24. 경재룡 피택장로

김: 김포 가현산 산골짜기 아래 전원교회에서

명: 명성하시고 명쾌하게 설교하시는 목사님

군: 군장병들에게도 인기가 많아 명성이 자자한 목사님

목: 목이 터져라 울부짖으시며 성도들을 위해서 기도하시고 나면

사: 사모님께서 뽀뽀해 주시고 사랑받으시는 목사님

님: 님이 그리워 보고 싶듯이 보고 싶은 우리 목사님

목사님, 교회가 너무 행복해요!

25. 구두회 장로

❶ 다음 세대의 주인공이며, 미래의 꿈과 희망인 아이들(교육부서)을 위한 재정과 사랑과 관심을 아낌없이 마음껏 지원하는 교회.

❷ 담임 목사님이라는 권위를 찾아볼 수 없으며 가장 인간미 넘치고 순박하고 꾸밈없고, 사람을 좋아하고 부모님을 잘 공경하는 목사님. 목회를 가장 소풍처럼 행복하게 감당하시는 목사님. 사랑합니다. 존경합니다.

❸ 매 주일 주시는 명언에 답장하지 못해 죄송합니다.

26. 유혜자 집사

❶ 우짜든지 즐겁고 행복한 교회.

❷ 눈물이 많은 따뜻한 우리 목사님…

❸ 10/08/18 꿈과 목적이 있는 사람은 아름답습니다.

27. 이진성 장로

❶ 김포전원교회로 보내주신 하나님의 뜻을 깨닫게 하십니다. 끊임없는 훈련과 양육과 전도가 계속되는 사역이 실천되는 교회.

❷ 어떤 경우에도 다툼과 분쟁이 없는 행복을 만들어가는 목사님, 진리일지라도 다투지 말라고 하시는 목사님.

❸ 10/09/04 웃지 않는 주일은 주일이 아닙니다.

28. 최찬희 집사

❶ 교회입구에 들어서면 벌써 마음에 기쁨이 솟아나게 하는 그런 교회. 해결되지 않은 부분이 있으면 작은 교회 안에서 기도하게 하는 산소 같은 교회.

❷ 12년 전이나 지금 모습이나 동일한 모습을 가지신 분. 몸이 불편하셔도 성도들에게 달려가시는 그런 분. 한마디로 물위를 걷는 분.

❸ 2003년 "아! 생각만해도 참 좋은 당신"
2009년 "끝이 아니라 시작입니다"

29. 김미영 집사

❶ 섬기며, 사랑하며 행복한 교회. 날마다 성장하려고 꿈틀대는 먼 훗날 한국에서 최고가 될 교회.

❷ 진짜 인간적인 최고의 목사님! 한 영혼을 귀히 여기며 사랑하고 섬기시는 울 목사님 최고!

❸ 메뚜기도 한 철, 기회를 놓치지 말라.
불만 대신 감사로 세상은 온통 감사의 제목들입니다.

태양을 향해 쏜 화살이 비록 적중은 못해도 해바라기를 쏜 화살보다 더 멀리간다. 행복은 선택입니다.

30. 이승철 피택집사

❶ 차별된 교회, 숲속에서 아름답게 성령의 불꽃이 피어나는 교회, 축복과 행복과 미소가 가득한 교회.

❷ 우짜든지 교회와 교인들을 행복하게 하신 목사님.

31. 신형식 안수집사

❶ 영적 육적 쉼이 있고 위로와 기쁨이 있는 곳, 가현산 계곡에 위치한 소풍처럼 행복한 교회.

❷ 사람을 끄는 마력, 아름다운 말을 하게 생산하고 재생시키시는 언변술사로서 모든 성도들을 행복하게 만드는 분.

❸ 10/09/05 긴급호우특보: 가현산(전원 방주)방주로 대피하십시오. 가현산 지기 김명군.

32. 홍재철 장로

❶ 우리 교회는 꿈과 목적이 이끄는 교회.

❷ 일보다 사람을 더 중요하게 여기시는 목사님.

207

33. 김영애 집사

❶ 교회의 입지가 자연 그대로요, 목사님도 목사님을 통해 이룬 성도들(교회) 모두도 자연을 소망하고 행복을 노래하는 하나님의 동산이다.

❷ 말씀으로 눈길로 악수하는 손길로 하나님의 각양 성품을 느끼고 깨닫게 하시는 참 목사님.

❸ "꿈의 높이만큼 오르고 열정의 크기만큼 얻을 수 있다."

"상처는 별이 됩니다...인생은 사건이 아니라 반응입니다."

34. 유숙종 권사

❶ 시대에 앞서가는 교회, 성도들이 편히 쉬는 교회.

❷ 다정 다감, 따뜻하심, 효자, 눈물이 많으신 목사님, 본질 비본질적 문제를 분명히 하시는 목사님.

❸ 돌로 쌓아올린 성보다 믿음과 사랑으로 쌓은 성이 더 튼튼합니다.

35. 최상규 피택집사/곽수경 피택권사

❶ 행복한 소풍을 위해 열심히 준비하는 교회.

❷ 숲속 오솔길을 함께 걷고 싶은 동행자.

형님, 아버지, 친구 같이 편안하면서 대단한 카리스마를 가지신 분.

목사님, 교회가 너무 행복해요!

❸ 지혜란 구해야 할 것과 피해야 할 것을 아는 지식입니다. 모든 관계에서 가장 중요한 관계는 하나님 아버지와의 관계입니다.

36. 한애리순 집사

❶ 율법위엔 자유함이 권위 위엔 사랑이 맛있게 토핑되어진 곳.

❷ 우리를 향하신 하나님의 사랑과 관심을 특급 익스프레스로 총알배송 해 주시는 가슴 따뜻한 하늘 집배원.

37. 김은진 집사

❶ 지구상의 유일한 블랙홀. 전원교회에 빠지면 말씀의 기쁨과 행복함에서 절대 빠져나올 수 없다.

❷ 아비의 마음으로 성도 한 사람 한 사람 축복하시는 바보(바라만 보아도 좋은) 목사님! 짧은 말씀 속에도 하나님의 위로를 느끼며 평안을 되찾게 만드시는 분, 참 좋은 분

❸ 행복을 만드는 데 그리 많은 돈이 필요하지 않습니다. 작은 웃음 친절한 말 한 마디 작은 배려가 행복을 줍니다. 감사는 인생에 있어 최고의 에너지입니다. 감사는 하나님과 사람을 감동시키는 힘이 있습니다. 감사는 축복의 통로이며 행복의 열쇠입니다.

38. 신현주 집사

❷ 김명군 목사님은 언어 마술사. 항상 좋은 어록으로 감동시키시고 '효'에 대해 몸소 실천하시어 배우고 따를 수밖에 없도록 마술을 부리시는 분.

❸ 인생은 자신이 선택한 대로 살게 됩니다. 긍정, 감사, 행복을 선택하십시오. 축복합니다!!! (7월 12일)

당신이 '할 일'을 관리하라. '할 일'이 당신을 관리하게 하지 말라. (7월 20일)

39. 김대선 피택집사

❸ 10/09/05 변화는 선택이 아니라 필수입니다. 당신은 하나님의 꿈!!! 변해야 삽니다.

40. 박경숙 집사

❶ 고향 같은 곳 어머니 품처럼 따뜻하고, 친정집처럼 편안한 김포전원교회에 오면 참된 휴식이 무엇인지 누가 가르쳐 주지 않아도 저절로 알게 된답니다. 고향은 늘 변함없이 그 자리에서 나를 기다려 주는 곳이잖아요. 변하지 않는 내 마음의 고향 전원교회.

❷ 아버지 같은 분. 탕자가 모든 걸 잃고도 집으로 돌아올 수 있었던 이유는 그곳에 아버지가 계셨기 때문일 겁니다. 그 어떤 고상한 동기가 아닌 그저 아버지 집이기 때문에… 우리 목사님은 제게 그런 분이십니다. 기쁘고 행복할 때만이 아니라 지치고 힘들 때에도 편하게 돌아가 안길 수 있는 분. 바로 아버지이기 때문입니다.

❸ We Dream God Works.

41. 김숙희 피택권사

❶ 우리 교회는 '따끈따끈한 아랫목'.

❷ 울 목사님은 '동무', 그리고 같은 길을 걷고 싶은 친구.

❸ 사랑은 비를 타고 행복은 만남을 통해 옵니다.

인생은 자신이 선택한대로 삽니다. 긍정, 감사, 행복을 선택하십시오! (7월12일)

체인지업! 변화는 선택이 아니라 필수입니다. 당신은 하나님의 꿈! 변해야삽니다.(7월24일)

42. 김윤정 집사

❶ 성도들 각자가 하나님께 받은 크고 작은 은사들을 마음껏 펼쳐

볼 수 있게 길을 열어 주는 교회.

❷ 목사님 같고, 삼촌 같고, 아저씨 같고, 청소부 같고, 개구쟁이 같고, 농부 같고, 책벌레 같고, 음악가 같고, 울 성현이 친구 같고, 넓은 그늘 같은… 우리들을 울리고 웃기는 영락없는 우리네 목자입니다.

❸ 행복하기 때문에 웃는 것이 아니고, 웃기 때문에 행복한 것입니다.

43. 박경목 안수집사

❷ 가현산지기.

외유내강 형의 행복 전도사!

남의 아픔에 함께 우는 내 사랑 울보!

❸ 어디에 있느냐보다 어디로 가느냐가 더 중요합니다.

44. 김기환 집사

❶ 푸른 수목 속에 하얀 집.

삶의 새로운 비전을 배우고 충전하는 교회.

❷ 큰 산처럼 큰 파도처럼 큰 나무시죠.

❸ 헌신하라. 봉사하라. 순종하라. 구경꾼이 되지 말라.

입을 크게 열라. 그리하면 채워 주신다.

줄 때까지 기도하라. 간구하라. 될 때까지.

감사하라. 찾아서 감사하라. 기쁨이 오리니.

꿈을 가져라. 비전을 가져라. 목적 있는 삶이 되라.

내 입술을 곱게 예쁘게 놀리라. 나도 즐겁고 너도 즐겁고.

남편도 아내도 머리 뒤통수가 노란 참외처럼 예쁘게 보일 수

있도록 서로 노력하며 신앙 생활 건강하게 하자.

45. 신현숙 집사

❶ 행복한 전원동산은 이 세상에서 미리 누리는 천국.

❷ 큰사람이 작아지고 작은 사람이 크게 일할 수 있도록 도와주시

는 개인별 맞춤형목자! 진정한 섬김과 참 리더가 무엇인지 보여

주시는 아니 몸소 실천하시는 행동가!

함께 울어주고 웃어주시는 나의 영원한 아빠 *..*

46. 염명희 집사

❶ 세상이 줄 수 없는 평안이 깃들인 푸른 초장이며 쉴만한 물가.

❷ 토끼같이 귀엽고 사랑스런 아이들과 소나무처럼 푸르고 곧게

자라나는 청년들, 그리고 예쁜 꽃과 같고 크고 작은 나무와 같

은 우리 성도들을 한 몸에 품은 '이 땅의 명군산'.

❸ 09/12/20 내가 말하고 믿는 것이 내 미래가 되고 내 인생이

됩니다. 자신을 사랑하고 축복하십시오.

47. 조규호 장로

❸ "Never Never Give Up!"

2001년 3월, 아주 오랜 산고 끝에 태어난 국제복음고등학교

(현, 산마을 고등학교) 입학식에 오셔서 아주 간명하게 해 주신

축사 내용입니다.

처음엔 학생들에게 주신 메시지라고 생각하였는데, 어느 날 많

은 시련과 연단 중에 오히려 저를 향한 하나님의 메시지라는 것

을 깨닫게 되었습니다. 알겠습니다, 아버지……

당신이 포기하지 말라고 말씀하지 않는 한 저 또한 청소년들을

향한 꿈을 위해 끝까지 달려가겠습니다.

48. 조연귀 목사

❶ 교회 본질을 회복하는 건강하고 행복한 교회.

❷ 목사님은 만능 운동선수.

❸ 행복하려면 행복한 성격을 가져야 합니다

49. 홍영미 집사

❶ 권위와 율법에서 자유롭고 행복하게 신앙 생활 할 수 있는 행복한 교회.

❷ 성도들을 아비의 마음으로 또한 섬김으로 기쁨과 행복을 위해선 망가짐도 마다하지 않으시는 분.
행복한 웃음을 주시기도 하시지만, 맘이 너무나도 여린 울보 목사님.

❸ 목적이 있고 초점이 맞춰진 삶만큼 강력한 것은 없습니다. 우짜든지 행복하게...

50. 이광기 목사

❶ 양파 같은 교회. 껍질을 벗기면 벗길수록 새롭고 아름다우니까.

❷ 야곱처럼 마마보이에
울보에
어리버리하면서
조직의 리더.

❸ 광기 아우야, 복주 사모랑 우리 밥묵자!